GRAMMAIRE PALIE

ESQUISSE

D'UNE PHONÉTIQUE ET D'UNE MORPHOLOGIE

DE LA LANGUE PALIE

PAR

J. MINAYEF

PROFESSEUR A L'UNIVERSITÉ DE SAINT-PÉTERSBOURG

TRADUITE DU RUSSE

PAR

M. STANISLAS GUYARD

RÉPÉTITEUR A L'ÉCOLE PRATIQUE DES HAUTES-ÉTUDES

PARIS

ERNEST LEROUX, LIBRAIRE-ÉDITEUR

LIBRAIRE DES SOCIÉTÉS ASIATIQUES DE PARIS

DE CALCUTTA, DE NEW-HAVEN (ÉTATS-UNIS), DE SHANG-HAÏ (CHINE), ETC.

28, rue Bonaparte, 28

1874

AVANT-PROPOS

La seule grammaire pâlie qui existe, antérieurement à celle de M. Minayeff (1), nous voulons dire la grammaire de Clough, est depuis longtemps épuisée et aujourd'hui presque introuvable. D'autre part, l'ouvrage de M. Minayeff étant rédigé en russe, cette circonstance le rendait inaccessible à beaucoup de savants. C'est ce qui nous a déterminé à le traduire en français, langue qui a déjà servi à d'importants travaux sur le Pâli, parmi lesquels, le premier de tous, le célèbre *Essai* de Burnouf et Lassen, et la belle édition de Kaccâyana, publiée récemment par M. E. Senart (2).

Il ne nous appartient pas de juger l'œuvre de M. Minayeff ; mais nous ne pouvons nous dispenser de signaler à l'attention de nos lecteurs la savante introduction dans laquelle l'auteur émet ses vues sur la formation du Pâli et sur le Buddhisme en général.

Nous devons dire aussi que sa grammaire, bien qu'elle s'annonce comme une simple esquisse, a, sur les travaux qui l'ont précédée, l'avantage de contenir un plus grand

(1) Saint-Pétersbourg, 1872.
(2) Paris, Ernest Leroux, 1871 (Extrait du *Journal asiatique*).

nombre de formes, et, de plus, fournit la correspondance des formes pâlies avec les formes sanskrites, correspondance sinon indispensable, du moins très-utile, puisque l'étude du Pâli n'est, en quelque sorte, qu'une annexe de celle du Sanskrit.

Nous n'avons que peu de mots à ajouter relativement à la manière dont nous avons compris et essayé de remplir notre tâche de traducteur.

La disposition matérielle a été scrupuleusement conservée, et nous n'avons apporté au texte original, en dehors des corrections d'erreurs typographiques non relevées par l'auteur, aucune modification qui ne nous ait été indiquée par M. Minayeff lui-même.

M. Minayeff nous a adressé ses additions et corrections, et a pu revoir plus d'une moitié des épreuves en placards. Il nous est donc permis d'avancer que la présente traduction de l'*Esquisse d'une phonétique et d'une morphologie de la langue pâlie* peut être considérée comme une seconde édition, améliorée. Elle le serait dans une plus large mesure, si la difficulté et la lenteur des communications avec la Russie n'avaient mis un obstacle infranchissable à des rapports suivis entre l'auteur et le traducteur.

ST. GUYARD

INTRODUCTION

Peu de temps après la découverte du sanskrit, on a commencé, en Europe, à faire des recherches scientifiques sur le langage et l'on ne peut se refuser à considérer comme l'un des plus importants résultats obtenus par la grammaire comparative la notion, aujourd'hui admise par tout le monde, d'une famille de langues indo-européennes, dont les rejetons orientaux subsistent dans l'Inde, et les rejetons occidentaux en Irlande. L'explication d'une série de phénomènes grammaticaux par l'analyse des formes du langage, les lois établies pour les transformations diverses d'un même son dans différentes langues, l'examen du vocabulaire d'après les résultats dus à cette méthode scientifique nous donnent la conviction que les peuples qui actuellement parlent des idiomes indo-européens ne formèrent un jour, dans une antiquité très-reculée, et bien au delà des limites de l'histoire, qu'un seul peuple, dont la langue était vraisemblablement partagée en de nombreux dialectes étroitement apparentés. Peu à peu, à différentes époques, des tribus se séparèrent de la grande famille, s'individualisèrent et émigrèrent dans plusieurs directions. A la question de savoir où vivait primitivement ce peuple, la science ne peut encore répondre d'une manière positive, faute de données ; cependant on a émis sur le berceau des Indo-Européens quelques hypothèses plus ou moins ingénieuses. On l'a cherché dans l'Inde, sur les hauteurs du

P. II. Pamir, au centre de la Germanie, dans la Russie méridionale : toutes ces hypothèses ne s'appuient que sur d'ingénieuses conjectures, et par conséquent elles ne persuaderont que leurs propres auteurs; elles ne reposent nullement sur des bases scientifiques, mais ont été imaginées, en partie, peut-être à l'insu de leurs auteurs eux-mêmes, sous l'influence d'impressions subjectives.

On sait que les plus anciennes traditions relatives au genre humain, aussi bien que les conceptions sémitiques d'un âge d'or, se sont localisées en Asie; c'est de là aussi qu'à une époque historique partirent les migrations qui vinrent coloniser l'Europe. A ces faits s'ajoutèrent, tout récemment, la découverte du sanskrit, qui nous offre la grammaire la plus primitive, et la connaissance du célèbre premier chapitre du Vendidad, dont le contenu est géographique. Tout cela fit trancher la question du berceau des Indo-Européens en faveur de l'Asie : c'est du pays dont les peuples possédaient les plus anciens monuments de la littérature, c'est de là, ou des contrées voisines, dans lesquelles les premiers chants indo-européens sont encore aujourd'hui conservés comme des choses sacrées, que devaient aussi provenir les nations européennes. De la sorte, on tira les Ariens soit du plateau de l'Asie centrale, soit même de l'Inde (Curzon). Les adversaires de l'origine asiatique des nations européennes étayaient leurs hypothèses sur des faits d'une autre nature. Ni la flore, ni la faune de l'Asie, disaient-ils, ne présentant de dénominations communes dans les langues de l'Europe, et les mots qui désignent les différents êtres de l'un et l'autre règne étant de création postérieure, ou n'offrant point de rapports étymologiques dans les diverses langues, on ne pouvait en faire le commun héritage de tous les Indo-Européens, transmis avant la séparation. Quant à placer dans l'Inde le berceau des Indo-Européens, il n'y fallait pas même songer, depuis qu'il était reconnu que, bien que les souvenirs des Hindous eux-mêmes ne remontassent point à une antiquité très-reculée, néanmoins on trouvait dans

quelques légendes certaines réminiscences des immigrations successives des Ariens dans l'Inde. D'un autre côté, l'existence d'autochthones sur les hauteurs du Pamir semblait à peu près impossible, par suite de considérations physiques. Conséquemment, il était beaucoup plus vraisemblable d'admettre que les Ariens n'étaient point venus en Europe, mais qu'au contraire c'est en Europe qu'il fallait chercher leur séjour primitif, et notamment, au centre de la Germa- P. III.
nie (Geiger), ou dans la Russie méridionale (Latham).

S'il faut reconnaître l'incertitude des conjectures émises sur le lieu qui fut le point de départ des Indo-Européens, où ils auraient vécu d'une vie commune, — ce dont nous retrouvons des traces dans leur langage, dans leurs conceptions cosmogoniques, dans les rudiments d'organisation domestique, et dans leur civilisation, — un autre ordre de faits, déduits, eux aussi, de la comparaison des langues, répand une certaine lumière sur la question de savoir dans quelle succession chaque branche s'est séparée du tronc principal, et aussi de savoir quels sont ceux d'entre les Ariens qui ont le plus longtemps vécu ensemble. Il n'est point douteux, par exemple, que les Ariens de l'Asie, nous voulons dire les Iraniens et les Hindous, vécurent longtemps encore d'une vie commune, après que la majeure partie des rameaux européens se furent éloignés d'eux. Non-seulement nous pouvons nous en convaincre en étudiant le vocabulaire et la grammaire de l'ancien bactrien et du sanskrit, mais, outre cela, dans la mythologie, la religion, les légendes populaires des Iraniens et des Hindous, nous découvrons certains côtés qui ne se retrouvent point dans la mythologie, la religion et les légendes des autres nations congénères. Et c'est pourquoi nous devons reconnaître dans les destinées des Iraniens et des Hindous une période de vie en commun qui a probablement duré plus longtemps que pour les autres nations. A la suite d'événements que nous ignorons, les Iraniens et les Hindous se séparèrent et s'établirent dans des pays distincts. La constatation de mots, étymologique-

ment identiques, ayant pris des acceptions diamétralement opposées (par exemple *deva*, dieu, *daeva*, adversaire des dieux), ne donne cependant point encore le droit de supposer que ce furent des questions religieuses qui suscitèrent des querelles entre ces deux peuples de même race et en amenèrent la séparation (1), car, à côté de mots analogues à ceux que nous venons de citer, il en existe un bien plus grand nombre qui se correspondent absolument dans la religion des
P. IV. anciens Perses et dans la production la plus antique des Hindous, — les Védas. Une quantité de mots identiques se rapportant au culte, ou de noms de héros regardés comme sacrés aussi bien dans les hymnes védiques que dans les fragments parvenus jusqu'à nous des écritures saintes des anciens Bactriens, nous portent à croire qu'à l'époque lointaine de l'unité préhistorique des deux races ariennes, Iraniens et Hindous, la conscience religieuse s'agrandit, et que les conceptions mythologiques de l'univers furent systématisées jusqu'à un certain point. Ceux qui connaissent la mythologie iranienne et la mythologie védique ne taxeront point notre assertion d'exagérée. Mais ici, il me paraît indispensable d'appeler encore l'attention sur un point de contact de ces deux mythologies, auquel personne, à ma connaissance, ne s'était jusqu'à présent arrêté.

C'est à juste titre que l'on considère comme le trait le plus caractéristique de l'ancienne religion iranienne le dualisme, qui est fondé sur les mythes, communs à tous les Ariens, du combat de la lumière contre les ténèbres. Des rudiments de dualisme se rencontrent aussi dans l'ancienne littérature des Hindous. A la vérité, dans l'Inde, cette conception religieuse n'a point été élaborée au même degré que dans l'Avesta; mais quelques détails amènent à penser qu'elle est très-antique. On sait que dans l'Avesta (*Vendidad*, XXII, 5), le principe du mal, ou *Angromainyu* (2), reçoit

(1) Spiegel, *Eranische Alterthumskunde*, I, 455.
(2) Spiegel, *Commentar*, I, 47.

l'épithète de *mairyo,* mortel, serpent ; ce mot est dérivé de la racine *mar,* mourir, par le suffixe *ya;* en pehlevi et en pârsi le même mot a la forme *mâr* et ne signifie que serpent ; *mâr-dôsch*, c'est-à-dire ayant des serpents sur les épaules, est l'une des fréquentes épithètes de Zohâk (1) ; de la même racine *mar,* mourir, provient aussi le mot sanskrit *Mâra,* nom d'un démon qui joue un rôle principalement dans le Buddhisme primitif, et que mentionnent fréquemment les légendes relatives à la vie de Çâkyamuni, et en particulier celles qu'on a reconnues comme les plus anciennes. De même que Zaratushtra lutte contre Angromainyu et remporte sur lui la victoire (*Vendidad,* XIX), de même Çâkyamuni combat contre Mâra et détruit sa force (2). Mâra, dieu de la mort, Maccurâja, est en même temps assimilé à Kâmadeva, ou dieu de l'amour, et c'est avec le même double caractère qu'il apparaît aussi bien dans le *Dhammapada* (3) que dans les biographies du Buddha : « Quiconque, au monde, nomme Kâmadeva, aux armes variées, aux flèches de fleurs, nomme P. v. le souverain du domaine des passions, l'adversaire de la délivrance, Mâra :

ye kâmadeva*m* pravadanti loke citrâyudha*m* pushpaçara*m* tathaiva |
kâmâvacârâdhipati*m* (4) tam eva mokshadvisha*m* mâram udâharanti ||

L'inimitié du Buddha et de Mâra est irréconciliable ; c'est l'inimitié de deux principes contraires s'excluant l'un l'autre : « Commencez, sortez (de la maison), appliquez-vous à la loi du Buddha ; renversez l'armée de la mort » ..... (5). A peine le Buddha a-t-il quitté la maison paternelle pour accomplir sa mission, — la délivrance du genre humain, — Mâra commence à trembler : « Si ce (Buddha), après m'avoir vaincu,

(1) Spiegel, *Eranische Alterth.*, I, 532.
(2) Voyez, par exemple, le XXI adh. du *Lalitavistara.*
(3) P. 7, 8, 34, 37, 40, 46, 57, 170, 175.
(4) *Buddhacarita* (Ms. de la Bibl. nat. de Paris, Sarga XIII, folio 59 verso). Le Ms. lit : kâmapracârâdhipati*m*.
(5) *Lotus de la bonne loi,* p. 529.

va annoncer au monde sa délivrance, mon royaume (celui de Mâra) deviendra désert ».....

yadi hy asau mâm abhibhûya yâti lokâya câkhyâty apavargamoksham | çûnyas tato'ya*m* vishayo mamâdya (1).

Après cela, commence leur combat. Mâra a recours aux tentations ; il se présente au Buddha sous forme d'un serpent : « Le criminel Mâra, voulant épouvanter le Seigneur, l'arrêter, lui faire dresser d'étonnement les cheveux sur la tête, prit la forme d'un grand serpent et se présenta devant lui » (atha kho mâro pâpimâ bhagavato bhaya*m* khambhitatta*m* lomaha*m*sa*m* uppâdetukâmo mahanta*m* sapparâjava*nn*a*m* abhinimmi*n*itvâ yena bhagavâ ten' upasa*m*kami) (2), puis, comme roi du monde, il lui propose la souveraineté de l'univers : « N'abandonne pas, ô mortel ! la maison paternelle ; dans sept jours le char de perles (symbole du pouvoir) arrivera chez toi, et tu règneras sur les quatre grands Dvîpas ainsi que sur leurs deux mille districts ; retourne sur tes pas, ô mortel ! »

mârisa mâ nikkhami ito te sattame divase cakkaratana*m* pâtubhavissati dvisahassaparittadîpaparivârâna*m* catunna*m* mahâdîpâna*m* rajja*m* kâressasi nivatta mârisâ 'ti âha (3).

P. VI. Mâra, repoussé, ne renonce point à ses tentations ; il poursuit le Buddha, tandis que celui-ci jeûne : « Tu es maigre et pâle ; la mort se tient auprès de toi ; en toi il y a mille parties de mort et une seule partie de vie ; pour les vivants rien n'est préférable à la vie ; vivant, tu feras de bonnes œuvres, tu deviendras chaste, tu feras brûler des sacrifices, et par tout cela tu accumuleras beaucoup de bien. »

kîso tva*m* asi dubba*nn*o
santike mara*n*a*m* tava ||
sahassabhâgo mara*n*assa

(1) *Buddhacarita*, ibid.
(2) *Saññuttanikâya* (Ms. *India Office library*, folio *yam*).
(3) *Nidânakathâ*, dans la *Jâtakâtthakathâ* (Ms. du Musée asiatique de Saint-Pétersb.).

eka*m*so tava jîvita*m* |
jîvite jîvita*m* seyyo
jîva*m* puññâni kâhasi ||
carato ca te brahmacariya*m*
aggihutta*m* ca juhato
pahûta*m* cîyate puññam (1).

Lorsque Mâra voit que ses tentations sont inutiles, il use de violence; mais il a encore le dessous dans ce combat. « Je suis délivré de tout lien, dit le Buddha, je me suis délivré des liens célestes, des liens humains, et des liens de Mâra; tu es vaincu, ô Antaka! (littéralement, qui met fin à, épithète du dieu de la mort). »

mutto 'ha*m* sabbapâsehi	mukto 'ha*m* sarvapâçehi
ye dibbâ ye ca manussâ	ye divyâ ye ca mânushâ
mârabandhanamutto 'mhi	eva*m* jânâhi pâpîma*m*
nihato tvam asi antakâ'ti	nihato tvam asi antako (2).

Alors les rayons qui s'échappent du Buddha, souverain du monde, éteignent le feu des huit enfers:

sañjîve kâlasûtre ca tâpane ca pratâpane | praçânto raurave agnir P. 11
lokanâthasya raçmibhi*h* || avîcyam atha sa*m*ghâte pratyekanirayeshu ca | praçânto sarvaço agnir lokanâthasya raçmibhi*h* || .

La légende postérieure a profité de ce dernier instant; et, substituant d'autres noms, en particulier dans le *Karanda-vyûha* (Ms. du Musée britannique, Oriental. 7, folio 7 et suiv.), raconte la descente aux enfers du Bodhisattva Avalokiteçvara (c'est-à-dire le souverain qui voit tout). « Comme le souverain de l'univers entre dans un jardin, paré des joyaux célestes, aussi facilement pénètre dans l'enfer Avalokiteçvara (yathâ kulaputra râjâ cakravartî divyaratnamaye udyâne praviçati); « son corps n'en reçoit aucune atteinte » (na ca tasya kâye 'nyathâbhâva*m* bhavati); « à peine s'est-il approché seulement du grand enfer Avîci, l'enfer se refroidit et les gens du dieu Yama sont tout consternés: »

(1) *Padhânasutta* (Ms. de la Société asiatique de Londres en caract. birman).
(2) *Mahâvagga* et *Mahâvastu* (Mss. de la Bibl. nat. de Paris).

yadâvîcau mahânarakc samîpam upasa*m*krâmati |
tadâvîcir mahânaraka*h* çîtabhâvam upagacchati |
tadâ te yamapurushâ*h* sa*m*vegam âpadyante |

Ils courent annoncer à leur souverain l'arrivée de celui dont le corps est paré des ornements célestes, et sur la tête duquel est une couronne de tresses de cheveux (folio 8 : jatâ-mukutadharo divyâla*m*kârabhûshitaçarîra*h*). Aussitôt que le souverain qui voit tout a fait son entrée, les lotus s'épanouissent, larges comme une roue de char, et l'enfer lui-même, qui ressemble à un vase, se fêle (tadâ çakatacakrapramâ*n*âni padmâni prâdurbhûtâni sâ ca kumbhî visphutitâ.....). Les traits que nous venons de citer sont naturellement, pour la plupart, l'œuvre d'une époque moderne ; mais l'idée fondamentale de la création, la lutte du bon et du mauvais principe et le nom même du mauvais principe, *Mâra*=*mairya*, remontent évidemment à une époque antérieure à la séparation des Iraniens et des Hindous. C'est pourquoi j'ai cru devoir m'arrêter sur ce point de la cosmogonie buddhique.

Cependant, ni dans l'Inde, ni chez les Iraniens, la mémoire du peuple n'a conservé de notions claires touchant la période de leur vie en commun. Les Hindous, on le sait, se croyaient autochthones dans l'Inde ; mais il est certainement permis de
P. VIII. reconnaître un souvenir confus d'une origine extra-indienne dans cette opinion des Hindous qui fait de l'extrême nord une contrée sacrée. C'est là qu'ils plaçaient la demeure de beaucoup de divinités et le séjour de la félicité ; ils croyaient que les bons habitaient l'*Uttarakuru* (*Ottorokorra* de Ptolémée), contrée située au nord de l'Himalaya (peut-être à l'orient de Kaschgar) ; dans les anciens monuments de la littérature indienne, les années se comptent encore par hivers (*Rigv.* V, I, 64, 14 ; VI, 4, 8) ; l'Arien demandait aux dieux cent hivers de vie. On pourrait également rapporter à une semblable notion obscure d'un berceau lointain la représentation buddhique de la rivière Sidâ : « Au nord il y a une rivière profonde, difficile à traverser, sur les bords de laquelle brillent des montagnes d'or semblables par leur cou-

leur à un feu de roseaux. Sur les flancs de ces montagnes croît le *tagara* (*Tabernæmontana coronaria*); il y a aussi là d'autres montagnes dont les flancs sont couverts de forêts. Dans l'antiquité dix mille prêtres y vivaient (1) : »

17. Uttarena nadî sîdâ gambhîrâ duratikkamâ |
Na*l*aggiva*nn*â jotantî sadâ kañcanapabbatâ ||
18. Parû*l*hakacchâ tagarâ rû*l*hakacchâ vanâ nagâ |
tatrâsu*m* dasasahassâ pora*n*â îsayo puro ||

Le commentateur explique le nom de cette rivière par la racine *sad* + *ava*, s'enfoncer, et ajoute que l'eau en était si subtile qu'un œil de plume de paon ne pouvait s'y soutenir, mais s'y enfonçait :

..... sâ hi atisukhumodakâ sukhumattâ udakassa antamaso morapiñja*m* hi tattha patita*m* na sa*n*thâti osîditvâ talam eva gacchati ten' eva ssâ sîdâ 'ti nâma*m* ahosi.....

Cette étymologie et cette glose rappellent ce que dit Ctesias du fleuve Sidè (2), sur lequel rien ne surnageait. Peut-être doit-on voir dans la *Sîdâ* le Yaxarte, le *Silis* des anciens (3). — Le monument le plus ancien de la littérature indienne, le Rigvéda, mentionne principalement les contrées du nord-ouest de l'Inde. Les chantres célèbrent le plus souvent le *Sindhu* (Indus) et les rivières qui s'y jettent. C'est dans le Kaboulistan oriental et dans le Pendjâb, jusqu'à la Sarasvatî, que furent composés les hymnes ; de là les Ariens se répandirent peu à peu dans l'est et au sud de la chaîne du Vindhya (4).

(1) *Jât.* XXI, 1, 4 (17, 18).
(2) Pline, XXXI, 2. « Ctesias tradit Siden vocari stagnum in Indis, in quo nihil innatet, omnia merguntur. »
(3) Ukert, *Geographie der Griechen und Römer*, III, 2, 238. Les Scythes appelaient *Silis* le Yaxarte. Cf. *Journ. of the Roy. as. soc. of Great Britain and Ireland*, new ser., vol. VI, partie I, p. 120 : « Sîtâ (a name previously applied to the Yarkand river, or to one of its chief tributaries, the Sirikol river). »
(4) La curieuse question de l'extension primitive des Ariens dans l'Inde est examinée en détail par Muir, *Original sanscrit texts*, t. II, 2e éd., 1871.

P. IX. Le souvenir de ce mouvement des Ariens s'est perpétué non-seulement dans les récits brahmaniques, mais encore dans les écrits buddhiques postérieurs et dans les légendes sur la généalogie des rois Çâkyas. On les fait venir de Patala (Παταλα de Ptolémée), port situé à l'endroit où l'Indus se divise en deux grands bras (1), et leur généalogie est fréquemment retracée dans les livres buddhiques (2); cependant toutes les rédactions font descendre la dynastie des rois Çâkyas de Mahâsammata, et ne comptent point le même nombre de personnages entre ce roi et la branche de la famille Okkâka, qui régna sur Amba*tt*ha (3), et dont des descendants se transportèrent au nord de Sâketa et construisirent la ville de Kapilavastu. Dans l'antiquité, pendant le premier kalpa, il y avait un roi Mahâsammata qui vécut un nombre incalculable d'années. Il engendra Rojo, qui engendra Vararojo, qui engendra Kalyâno, qui engendra Varakalyâno, qui engendra Uposatha, qui engendra Mandhâtâ, qui engendra Varamandhâtâ. Puis Varamandhâtâ engendra Caro, et celui-ci, Upacaro, ou Apacaro, qui régnait sur la contrée de Cetiya (4), dans la ville de Sotthivatî. C'est ainsi que la généalogie est donnée dans le *Jâtaka* VIII, 1, 6 : atîte pa*t*hamakappe mahâsammato nâma râjâ asa*m*kheyyâyuko ahosi.

tassa putto rojo nâma
rojassa vararojo nâma
tassa kalyâno nâma
kalyânassa varakalyâno nâma

(1) Lassen, *Ind. Alterth.*, I, 125, 637; II, 181; *Journ. of the Soc. of Bengal*, août 1833.

(2) Cf. Weber, *Indische Streifen*, I, 233, où sont citées toutes les sources connues relatives à cette question; Lassen, *loc. cit.* t. II, Beilage II. Cette généalogie revient dans le *Mahâvastu* et dans les *Jâtakas* III, 1, 8, et VIII, 1, 6.

(3) Weber, *Ind. Studien*, V, 426, fait à ce sujet la remarque suivante : « Der Name Amba*tt*harâjan... führt auf die (damals vielleicht noch nördlicher sitzenden) 'Αμβάσται an der Tapti jenseits des Vindhya (oder ob zu den Abastanern am Indus?» Cf. Lassen, *Indien*, 2, 173; *Vishnu p.* (éd. Hall), II, 135 : « Ambashtha is the name of a military people and its country situated in the middle of the Penjab (probably the 'Αμβάσται of Ptolemy). »

(4) Cetiya ou Ceta*ra*ttha, au nord du Sivira*tt*ha (*Jâtaka* XXI, 1, 10). Sivi= Σίβαι, Cf. Lassen, *loc. cit.*, I, 192.

varakalyânassa uposatho nâma
uposathassa mandhâtâ nâma
mandhâtussa varamandhâtâ nâma
tassa putto caro nâma

P. X.

carassa putto upacaro nâma ahosi. apacaro 'tî 'pi tass 'eva nâmam so cetiyaraṭṭhe sotthivatinagare rajjam kâresi.

On raconte de très-curieuses légendes sur cet Apacaro (Upacaro), qui régna à la dixième génération après Mahâsammata. Il fut le premier des mortels qui mentit (le *Yima* de l'épopée iranienne), ce pourquoi il tomba en enfer. Un certain Kapila était le grand-prêtre (*purohita*) du père du roi Apacaro, et son frère cadet, nommé Korakalamba, avait servi de compagnon d'enfance à Apacaro lui-même. Apacaro lui promit qu'aussitôt qu'il monterait sur le trône il lui conférerait le titre de *purohita;* mais lorsque fut venu le moment de remplir sa promesse, c'est-à-dire lorsque Kapila se démit de ses fonctions et se fit ermite, le titre de *purohita*, ou grand-prêtre, fut transmis par ordre du roi au fils aîné de Kapila. Puis, sur les instances de Korakalamba, Apacaro consentit à retirer ce titre au fils de Kapila, et pour y parvenir, il employa le moyen suivant : il mentit (le mensonge apparut pour la première fois alors sur la terre), et soutint que Kapila était le cadet de Korakalamba, et celui-ci l'aîné; que, par conséquent, c'était à ce dernier qu'appartenait le titre de *purohita*, ou grand-prêtre. Démenti par Kapila en personne, le roi tomba en enfer. La seconde partie de cette légende raconte la destinée des cinq fils de ce roi : « Les cinq fils du roi vinrent trouver Kapila et lui dirent : « Sois notre « refuge. — Chers enfants, répondit le brahmane, votre père a « détruit la loi : il a menti ; il a offensé un sage et est tombé « dans l'enfer Avîci. La loi est détruite, hélas! vous ne pouvez « plus vivre ici. » Puis se tournant vers l'aîné : « Cher enfant, « dit-il, va, sors par la porte de l'orient, marche tout droit, tu « verras un précieux éléphant entièrement blanc se tenant « toujours fermement debout; à l'endroit que tu reconnaîtras « par cette marque, construis une ville : ce sera Hatthi-

P. XI. « pura (1). » — Ensuite s'adressant au second fils, il lui dit : « Cher enfant, sors par la porte du sud, marche tout droit, tu « verras un précieux cheval entièrement blanc, et à l'endroit « que te fera reconnaître cette marque, tu construiras une « ville ; tu y habiteras, et ce sera Assapura. » — Après cela, s'adressant au troisième fils, il lui dit : « Cher enfant, sors « par la porte de l'ouest, marche tout droit, tu trouveras un « lion avec sa crinière, et à l'endroit que t'indiquera cette « marque, tu construiras une ville et tu l'habiteras : ce sera « Sihapura. » — Se tournant vers le quatrième fils, il lui dit : « Cher enfant, sors par la porte du nord, marche tout droit, « tu trouveras une cage roulante, ornée de pierres précieuses ; « à l'endroit ainsi marqué, construis une ville : ce sera Utta- « rapañcâla (2). » — Enfin, s'adressant au cinquième fils, il dit : « Cher enfant, tu ne peux vivre ici ; élève dans la ville un « grand stûpa ; sors, dirige-toi vers le nord-ouest et marche « tout droit ; tu verras deux montagnes qui s'entre-choquent « en produisant le son *daddara ;* à l'endroit ainsi marqué, tu « construiras une ville et tu y résideras : ce sera la ville de « Daddapura (3). » — Ces cinq personnages partirent, et se « conformant à ces prescriptions, construisirent des villes « aux endroits indiqués et y vécurent. »

rañño pañca puttâ âgantvâ « amhâka*m* avassayo hohîti » vadi*m*su brâhma*n*o « tâta tumhâka*m* pitâ dhamma*m* nâsetvâ musâvâda*m* katvâ isi*m* akkositvâ avîcipa*t*ipanno dhammo nâm' esa hato hanti tumhehi na sakkâ idha vasitun'ti » vatvâ sabbaje*tt*ha*m* « ehi tva*m* tâta pâcina-dvâre*n*a nikkhamitvâ ujuka*m* gacchanto sabbaseta*m* satatappati*tt*hita*m* hatthiratana*m* passissasi tâya saññâya tattha nagara*m* mâpetvâ hatthi-puram nâma bhavissatîti » âha, dutiya*m* âmantetvâ « tva*m* tâta dakkhi-*n*advâre*n*a nikkhamitvâ ujukam eva (gaccha) gacchanto sabbaseta*m*

(1) Peut-être Hastinapura, à 60 milles au nord-est de Delhi. Sur la fondation de cette ville, voyez Lassen, I, 741 ; elle est attribuée par les brahmanes à un roi Hastin ou Bharata.

(2) Sur cette ville, il est dit, *Jât.* XIV, 1, 15, qu'elle se trouvait dans le pays de Kampilla, qui peut-être est identique avec Khavila. Cf. Wilson, *Vishnupurâna* (éd. Hall), II, 134 ; Cunningham, *Ancient Geography of India*, I, 360.

(3) Cette ville rappelle Darada, sur l'Indus supérieur ; voyez Lassen, I, 498 ; III, 139 ; *Vishnupurâna*, II, 185.

assaratanam passissasi tâya saññâya tattha nagaram mâpetvâ vasa tam nagaram assapuram nâma bhavissatîti » âha. tatiyam âmantetvâ « tvam tâta pacchimadvârena nikkhamitvâ ujukam gaccha gacchanto kesarasîham passissasi tâya saññâya tattha nagaram mâpetvâ vasa tam nagaram sîhapuram nâma bhavissatîti » âha. catuttham âmantetvâ « tvam tâta uttaradvârena nikkhamitvâ ujukam yeva gacchanto sabbaratanamayam cakkapañjaram passissasi tâya saññâya tattha nagaram mâpetvâ vasa tam nagaram uttarapañcâlan nâma bhavissatîti » âha. pañcamam âmantetvâ « tâta tayâ imasmim thâne vasitum na sakkâ imasmim nagare mahâthûpam katvâ nikkhamitvâ pacchima-uttarâya disâya ujukam gaccha gacchanto dve pabbate aññamaññam paharitvâ daddarâ'ti 'saddam karontâ passissasi tâya saññâya tattha nagaram mâpetvâ vasa tam nagaram daddapuram nâma bhavissatîti » âha. te pañca janâ tâya saññâya gantvâ tasmim thâne nagarâni mâpetvâ vasin su. P. XII.

Ce qu'il y a d'important pour nous dans cette légende, c'est moins ses rapports avec l'épopée iranienne et leurs traits communs, que les curieuses indications géographiques qui terminent la seconde moitié du récit. Elles montrent clairement qu'une partie de la famille des rois Çâkyas occupait les contrées situées au nord-est du Pendjâb, à savoir : Hastipura et Kampilla. Le successeur d'Upacaro, le roi Mahâdeva, régnait sur la ville de Mithila, dans le Videha, c'est-à-dire dans la partie septentrionale du Behar, qui porte aujourd'hui les noms de Puranya et de Tirhut ; cette contrée est séparée du Koçala par la rivière Gandakî, et de l'Assam occidental par la rivière Karatoyâ. Ensuite la légende passe directement à Sujâta, qui régna à Sâketa (1). Ce roi avait eu cinq fils de la même femme et un sixième, Jeta (ou Jeshta), d'une autre femme ; à l'instigation de sa seconde femme, il choisit ce dernier pour successeur et chasse ses autres fils avec leurs sœurs. Ceux-ci partent vers le nord (*Mahâvastu* : evam te kumârâ .... sâketâto mahânagarato niryâtvâ uttarâmukham prayâtâ Kâçikoçaleshu râjñâ pragrhîtâh.....) et tout d'abord sont accueillis par le roi du Kâcîkoçala ; mais ensuite, ce même

(1) Sur cette ville, Cf. Cunningham, I, 405. Les détails qui suivent ici sont tirés du *Mahâvastu* ; Cf. *Ind. Studien*, V, 415, où toute la légende est racontée.

roi, redoutant leur popularité, les éloigne vers l'Himalaya,
P. XIII. où les princes épousent leurs sœurs (1) et construisent la
ville de Kapilavastu (2).

Bien que ces légendes nous aient été transmises par des traditions postérieures, et conséquemment se soient enrichies de détails nouveaux, le thème en est très-ancien, et ici, comme dans les récits brahmaniques (*Çatapathabrâhmana*), nous avons une description du mouvement offensif des Ariens d'abord à l'est, puis au nord. Peut-être cette description contient-elle des restes de l'épopée des Ariens, mais non de ceux parmi lesquels se formèrent les castes, les Védas, le culte brahmanique et tout le système de la vie brahmanique. Déjà lorsqu'ils arrivèrent sur les deux rives de l'Indus et, plus tard, lorsqu'ils s'avancèrent à l'est et au sud, les Ariens rencontrèrent des peuplades ennemies; ils les désignent dans leurs chants sous différents noms : *dasyu*, *asura*, et quelquefois même leur appliquent le terme d'*Arya*, ou Ariens (3).

Ordinairement les commentateurs interprètent le mot *dasyu* comme étant le nom de démons hostiles (4); mais quelques traits dans la description de leur extérieur et aussi la signification qu'attribuent à ce mot les Brâhma*n*as font supposer que *dasyu* commença par désigner des hommes, et en particulier les tribus ennemies, non ariennes, puis les tribus ariennes par l'origine et par la langue, mais se distinguant de celles des chantres, surtout par les opinions religieuses. Les ouvrages postérieurs (5) reconnaissent les *dasyus* comme les descendants de Viçvâmitra, l'un des plus

(1) Sur les mariages entre proches parents chez les Perses, voyez Kern, cité par Muir, *loc. cit.* II, 457, 459. Dans le Jâtaka XX, 1, 4, on trouve le récit de la dispute des Sâkiya et des Koliya; les Koliya adressent les reproches suivants aux Sâkiya : tumhe kapilavatthuke gahetvâ gacchatha ye sonasigâlâdayo viya attano bhaginîhi saddhi*m* vasi*m*su.

(2) Weber, *Ind. Studien*, I, 172; *Vishnupur.*, II, 157, 173 : « kâçîkoçala, the country between Benares and Oude; » Cunningham, 520 : « the moderne Berar or Gondwana. »

(3) Cf. Muir, *loc. cit.* 361, citation du *Rigv.*

(4) *Ibid.*, 364.

(5) *Aitareya Br.*, VII, 18.

célèbres chantres des Védas. Les lois de Manu (1) partagent les *dasyus* en deux classes : ceux qui parlent un langage barbare (*mlecchavacah*), et ceux qui parlent arien (*âryavacah*). On signale de ces tribus au nord-ouest de l'Inde, dans le P. XIV.
Gandhâra, le Camboja, etc., et aussi à l'est, dans le Magadha (le Behar actuel). Aux yeux des brahmanes orthodoxes, ils étaient « exclus » (*vâhishkrtâh*), « hors la loi » (*dharmavâhyâh*) (2). On les appelait encore *vrâtyâs*, et il y avait tout un cérémonial particulier (*vrâtyastoma*) (3) pour ceux d'entre eux qui auraient eu le désir d'entrer dans la société brahmanique. Dans l'exposition de ce cérémonial, parmi quelques renseignements sur l'aspect et les mœurs de ces tribus, on trouve celui-ci, que les tribus placées hors la loi parlent une langue à elles, différente de celle qui s'était formée dans le milieu brahmanique. Les *vrâtyâs* regardaient comme difficile pour eux une langue facile (4). On raconte sur les *asurâs* (comme le mot *dasyu*, le mot *asura* signifiait primitivement : homme hostile, puis il fut appliqué aux démons hostiles), on raconte, dis-je, qu'ils employaient irrégulièrement le mot *alavah*, au lieu de *arayah* (ennemis) (5). « Que le brahmane ne parle point indistinctement ; un tel langage est celui des *asurâs* (6). »

Il n'est point douteux que la langue des Védas fut un jour le langage populaire ; mais, déjà en ces temps reculés, il existait dans cette langue des nuances dialectales. Nous n'avons, dans les documents dont nous disposons, que très-peu de données qui nous permettent de nous former une idée bien claire de ce en quoi consistaient au juste ces nuances. Dans l'Inde, le texte des Védas eut ses destinées particulières ; considéré de bonne heure comme sacré, et devenu un

(1) Muir, *loc. cit.* 482.
(2) *Ibid.*
(3) Cf. *Tândya Br.*, adh. XVII, et le cérémonial dit çyena, Lâtyâyana—S., VIII ; voyez aussi Weber, *Indische Literaturgesch.*, 65, 75.
(4) *Tândya Br.*, XVII, 1, 9.
(5) *Çat. Br.*, III, 2, 1 ; 23, 24.
(6) *Ibid.* Cf. Muir, *loc. cit.* 396.

objet d'étude, il fut soumis à une rédaction spéciale, et ramené à une plus grande uniformité, ce dont le résultat naturel fut l'extinction des nuances dialectales. Sous l'influence de l'étude de ce texte, sous l'influence du culte, dans le milieu cloîtré d'hommes avant tout gardiens de la reli-
P. xv. gion, peut-être aussi par suite de l'émigration d'une tribu Bharata chez des tribus étrangères (1), cette langue, qui avait été un jour celle des chants nationaux, donna naissance à l'idiome sanskrit, idiome artificiel comme toute langue appartenant à un milieu déterminé, et isolé, non complétement toutefois, de l'influence du langage des autres classes de la société, circonstances qui pourtant n'excluent point le développement de la langue, dont on peut, conséquemment, faire l'histoire. Le sanskrit, issu du langage arien primitif de l'Inde, a donc aussi son histoire; sa vie idéale s'est longtemps prolongée, et en ce sens on peut dire qu'il vit encore aujourd'hui.

Les Ariens, lorsqu'ils furent arrivés dans l'Inde, n'entrèrent point tous dans la société brahmanique, mais à côté de cette société, dont on peut considérer comme l'expression les castes, le sanskrit, toute la littérature brahmanique et les systèmes philosophiques des différentes écoles, qui pourtant reconnaissent dans son entier l'organisation de cette société, il se constitua des tribus, également ariennes, que les brahmanes eux-mêmes envisageaient comme « placées hors la loi », et qui possédaient aussi bien leurs dialectes que leurs traditions propres. On doit supposer que c'est dans ce milieu que se produisit le Buddhisme, qui introduisit dans la société de nouveaux problèmes et développa dans beaucoup de manifestations de la vie spirituelle de nouvelles formes, dont on chercherait vainement le prototype dans les monuments brahmaniques : de même que le sanskrit est regardé comme le fruit de la culture brahmanique, de même il con-

(1) Telle est l'opinion de Benfey, *Geschichte der Sprachwissenschaft*, 53 et suiv.

vient de voir dans le pàli un produit de la société buddhique.

Outre le peu d'indications que nous avons sur le langage des *asurâs* et les renseignements non moins courts et obscurs sur des tribus de *vrâtyâs*, nous possédons encore le témoignage de *Yâska* (II, 2) (1), relativement à l'existence ancienne de différents dialectes. L'énumération des fautes qu'il fallait éviter en lisant les Védas (2) offre encore un plus vif intérêt. Nombre de ces prétendues fautes, par exemple l'omission d'une consonne ou d'une semi-voyelle lorsqu'elles se trouvent placées l'une devant l'autre, l'intercalation de voyelles ou de consonnes, la non-observance des longues et des brèves, ne sont rien autre que des particularités bien connues des dialectes prâkrits et du pâli. Le premier monument P. XVI.
de cette seconde branche du langage arien (le prâkrit) n'apparaît cependant qu'assez tard et remonte à une époque postérieure à l'établissement du Buddhisme : ce sont les inscriptions du roi *Piyadasi* ou Açoka le Grand. Ces inscriptions sont gravées en partie sur des rochers, en partie sur des colonnes; en outre, il y en a une qui est gravée sur une pierre, découverte non loin de Bhabra (3). Les inscriptions sur rocher se trouvent dans trois endroits : 1° à l'ouest, dans le Guzerate, sur la montagne de Girnar (*Girinagara*); 2° dans le village de Dhauli, province d'Orissa; 3° dans le village de Kapur di Giri, au nord du fleuve du Kaboul, à l'endroit où il reçoit la Kâlapâ*n*i. Les inscriptions sur colonnes se trouvent : 1° à Delhi; 2° à Allâhâbâd; 3° à Mattiah, sur les frontières du Nepal; 4° à Râdhia, non loin de là. Comme cela ressort des propres paroles de Piyadasi, il y

(1) Sur le dialecte des Camboja, voy. Weber, *Indische Streifen*, t. II, p. 492. On trouve dans le Jâtaka XXI, 1, 6, de curieux renseignements sur ce peuple : kitâ patañgâ uragâ ca bhekâ hatvâ kimi*m* sujjhati makkhikâ ca | ete hi dhammâ anariyarûpâ kambojakâna*m* vitathâ bahunnan 'ti ||. Comm.: ete kitâdayo pâ*n*e hantvâ macco sujjhatîti etesa*m* 'pi kamboja na*tt*havâsînam bahunna*m* anariyâna*m* dhammâ te pana vitathâ adhammâ 'va dhammâ 'ti vuttâ... Cf. Duncker, *Gesch. der Arier*, p. 536.

(2) *Rigveda Prâtisâkhya* (Max Müller), p. CCLXXV.

(3) Voyez l'article de Burt dans le *Journ. of the as. Soc. of Bengal*, t. IX, p. 616. « I found it on a hard grey granite block, irregularly shaped, and measuring about two feet in two of its dimensions and a foot and half in the third; the weight of it is therefore inconsiderable. »

avait d'abord un bien plus grand nombre de ces « colonnes de la loi » ou « colonnes de la moralité », ainsi que les nomment les inscriptions. Le contenu de toutes ces inscriptions est identique : ce sont des instructions au peuple jointes à la profession de foi du roi. L'inscription de Bhabra diffère des autres inscriptions plus longues, et par le contenu et par certains détails. Piyadasi ne s'y décerne point le titre pompeux de « chéri des dieux », et au commencement, s'adressant à la communauté spirituelle du Magadha, il emploie une tournure analogue à celle que nous a conservée le canon buddhique : 1. « Le roi Piyadasi complimente la communauté du Magadha et (lui) souhaite (littéralement, lui dit) peu de souffrances et une vie agréable » (âha ca apâbâdhata*m* ca phâsuvihâlata*m* ca). Dans le *Petavattuh*, IV, I, 44, un autre roi s'exprime de la même manière :

appabâdha*m* phâsuvihârañ ca pucchi
vesaliyo licchavi aha*m* bhaddantc |

P. XVII. « Moi, Licchavi de Visala, je dis : puisses-tu être heureux ; et je te demande si tu as peu de souffrances et si la vie t'est légère. » Puis vient, dans l'inscription, un discours tel qu'en peut tenir un véritable buddhiste : 2. « Bien-aimés, dit le roi, on connait mon respect et mes bonnes dispositions pour le Buddha, pour la loi et le Sa*m*gha (la communauté religieuse.) 3. Tout ce qu'a dit Notre Seigneur le Buddha, ô bien-aimés! est bien dit... » Mais, même dans les édits où le Buddha, le Sa*m*gha et l'enseignement buddhique ne sont pas expressément désignés, les convictions du roi ne vont nullement à l'encontre des dogmes fondamentaux du Buddhisme : on y prêche la même compassion pour tout être vivant, la même tolérance pour les autres religions, la même générosité que recommandent les écrits buddhiques. Le but du roi est d'instruire et d'affermir son peuple dans ces idées, et pour cela, il se désigne lui-même, et montre comment il s'est élevé à ce genre de croyances. Il indique à son peuple le chemin qui conduit vers le bonheur, en ce monde et dans l'autre (au delà du tombeau), et ce dernier trait lui-même, ce souci du bonheur futur ne contredit point le dogme buddhique du *nirvâna,* à côté duquel on rencontre, dans les anciens monuments, la représentation d'une autre vie, du bonheur, au ciel, et des tourments, dans l'enfer. Je me permettrai d'insérer ici un fragment inédit (*Vimânavatthu*) qui vient confirmer ce que j'avance :

« 1. Lorsqu'un homme, longtemps absent, revient de loin, sain et sauf, ses parents, ses amis et ses connaissances se réjouissent de son arrivée.

2. De même ses bonnes œuvres accueillent l'homme vertueux arrivant du monde terrestre dans celui-ci, comme un parent chéri qui revient de voyage (1).

3. Lève-toi, Revatî, grande pécheresse, toi qui, devant les portes ouvertes de l'immortalité, n'as point donné d'aumônes! Là où retentissent des gémissements, où les êtres infernaux sont plongés dans les tourments, là nous te conduirons aussi.

4. Ainsi parlèrent les messagers de Yama, deux grands Yakshas aux yeux rouges; ils saisirent Revatî aux deux mains et se dirigèrent vers les dieux.

5. Ces messagers l'amenèrent dans la demeure des dieux P. XVIII.
et la firent arrêter non loin du palais de Nandika; elle vit ce palais brillant comme le disque du soleil.

6. (Elle vit le palais) couleur de soleil, magnifique, brillant, lumineux, propre, recouvert d'un réseau d'or. « A qui est ce palais rempli de monde? Il brille comme un rayon du soleil. »

7. « Des troupes de femmes, ointes du suc du candana, et placées de chaque côté, augmentent la beauté du palais; son éclat rivalise avec celui du soleil. Qui jouit du bonheur dans ce palais, après avoir obtenu le ciel? »

(1) Cf. ces deux vers dans le *Dhammdpada,* 219-220.

Les messagers lui répondirent :

8. « Il y avait à Vârâ*n*asi un laïque nommé Nandika, sans envie, charitable et sage. C'est là son palais, rempli de monde, et brillant comme un rayon du soleil.

9. « Des troupes de femmes, ointes du suc du candana, et placées de chaque côté, augmentent la beauté du palais. Son éclat rivalise avec celui du soleil. Dans ce palais, après avoir obtenu le ciel, il goûte le bonheur. »

10. « Je suis la femme de Nandika, sa servante; je vivrai au milieu des délices dans le palais de mon époux, ô maîtres de tout bien! Je ne veux pas voir l'enfer. »

11. « Tu n'as point fait de bien dans le monde des vivants; et voilà l'enfer pour toi, grande pécheresse; le pécheur, l'envieux n'est point le compagnon des habitants du ciel. »

12. « Quelles sont ces déjections? Quelle impureté s'est produite? Quelle puanteur s'exhale de ces excréments! »

13. « C'est le profond enfer qui a nom Sa*m*sâvaka, où les hommes brûlent. Regarde, ô Revatî! tu y rôtiras cent mille ans. »

14. « Celui qui tombe dans ce profond enfer, où cuisent les hommes, a-t-il péché en corps, en paroles ou en esprit? »

15. « Tu as menti à des Çrama*n*as, à des brahmanes et à d'autres louangeurs; voilà en quoi tu as péché. »

16. « C'est pourquoi tu es tombée dans le profond enfer Sa*m*sâvaka, où bouillent les hommes. Regarde, là, tu rôtiras pendant cent mille ans, ô Revatî! »

P. XIX. 17. « On (y) coupe les mains et les pieds; on (y) coupe les oreilles et les nez; des nuées de chouettes et de corbeaux s'y abattent et dévorent la chair palpitante. »

18. « Conduisez-moi bien vite hors d'ici : je ferai beaucoup de bien; je distribuerai des aumônes et je pratiquerai l'ascétisme; je deviendrai modeste et humble; je ferai tout ce qui assure le bonheur, et ce dont on n'a point à se repentir plus tard. »

19. « Autrefois tu étais négligente, maintenant tu gémiras; tu goûteras les fruits de tes propres actes. »

20. « Qui donc, venu du monde des dieux au monde des humains, a répondu à ma question, de la sorte : Donnez aux innocents, donnez-leur des vêtements, une couche, de la nourriture et de la boisson; l'envieux, celui qui injurie, le pécheur ne sera point le compagnon des habitants du ciel? »

21. « Mais si maintenant, sortant d'ici, je renais parmi les hommes, je serai sage et de bonne conduite, et je ferai beaucoup de bien. »

22. « Je distribuerai des dons, je pratiquerai l'ascétisme, je deviendrai modeste et humble, je planterai des jardins, et, dans une pensée de foi, je tracerai des chemins dans les passages montagneux, je creuserai des puits et des réservoirs. »

23. « Le quatorzième jour, le quinzième, jusqu'au huitième jour de la première quinzaine du mois, la veille et le lendemain de ces jours, j'observerai, sans m'en écarter, les huit commandements. »

24. « J'observerai l'uposatha, je serai constamment morale, je ne cesserai de donner des aumônes. J'ai vu par moi-même. »

25. C'est ainsi qu'elle parlait plaintivement et s'agitait en tout sens, et ils la jetèrent dans l'enfer effroyable, la tête en bas, les pieds en l'air. Elle dit :

26. « J'étais autrefois envieuse, j'injuriais les Çrama*n*as et les brahmanes, je mentais à mon époux; voilà pourquoi je vais dans l'horrible enfer (1). »

1. cirappavàsi*m* purisa*m*
dûrato sotthim âgata*m* |
ñâtimittà sugajjâ ca
abhinandanti âgata*m* ||
2. tath' eva katapuñña*m* 'pi
asmâ lokâ paragata*m* | (2)
puññâni pa*t*igga*n*hanti,
piya*m* ñâtîva (3) âgata*m* || P. xx.

(1) J'ai eu, pour le *Vimânavatthu*, deux Mss. de l'*India Office library:* S, en caractère singalais, B, en caractère birman.
(2) S. para*m* gata*m*.
(3) B. °ti*m* ca.

3. u*tt*hehi revate supâpadhamme
apârutadvâre (1) adânasîle (2) |
nessâma ta*m* yattha thananti (3) duggatâ ||
samappitâ (4) nerayikâ dukkhena ||
4. ice eva*m* vatvâna yamassa dûtâ
te dve yakkhâ lohitakkhâ brahantâ |
paccekabâhâsu gahetvâ revati*m*
pakkâmayi*m*su devaganassa santika*m* ||
5. eva*m* tehi yakkhehi tâvati*m*sabhavana*m*
netvâ nandikavimânassâvidûre *t*hapitâ (5) |
ta*m* sûriyama*nd*alasadisa*m*
ativiyappabhassara*m* (6) disvâ ||
6. âdiccava*nn*a*m* rucira*m* pabhassara*m*
byamha*m* (7) subha*m* kañcanajâlachanna*m* |
kass' etam âki*nn*ajana*m* vimâna*m*
sûriyassa rasmir (8) iva jotamâna*m* ||
7. nâriga*n*â candanasâralittâ
ubhato (9) vimâna*m* upasobhayanti |
ta*m* dissati sûriyasamânava*nn*a*m*
ko modati saggapatto vimâne 'ti ||
te yakkhe pucchite 'pi tassâ
P xxi. 8. bârâ*n*asiya*m* nandiko nâmâsi
upâsako (10) amacchari dânapati vâdaññu |
tass' etam (11) âki*nn*ajana*m* vimâna*m*
sûriyassa rasmir (12) iva jotamâna*m* ||
9. nâriga*n*â candanasâralittâ
ubhato vimâna*m* upasobhayanti |
ta*m* dissati sûriyasamânava*nn*a*m*
so modati saggapatto vimâne ||
'ti âcikkhi*m*su.
10. nandikassâha*m* bhâriyâ agârinî
sabbakusalassa issarâ bhattu |

(1) S. °ta*m* °ra*m*.
(2) S. °lâ.
(3) B. thunanti.
(4) S. samparitâ.
(5) S. nandikassa vimânassa avidûre yapitâ revati.
(6) B. °yâsara*m*.
(7) S. vya°.
(8) S. ra*m*sir.
(9) S. ubhaso.
(10) S. °siko.
(11) S. ta*m*.
(12) S. ra*m*sir P. suriya°.

vimâne ramissâmi 'dân 'âham
na patthaye nirayam dassanâya ||

11. eso te nirayo supâpadhamme
puññam tayâ akatam jîvaloke | (1)
na hi maccharidosako (2) pâpadhammo
saggupagânam labhati sahabyatam ||

12. kim nu gûthañ ca muttañ ca
asucim patidissati |
duggandham kim idam milham (3)
kim etam upavâyati ||

13. esa samsâvako nâma
nirayo gambhîro (4) sataporiso
yattha passa satasahassâni (5)
tuvam paccasi revate ||

14. kim nu kâyena vâcâya
manasâ dukkatam katam | P. xxii.
kena samsâvako laddho
nirayo gambhîro sataporiso ||

15. samane brahmane câpi (6)
aññe câpi vanibbake (7)
musâvâdena vañcesi (8)
tam pâpam pakatam tayâ ||

16. tena samsâvako laddho
nirayo gambhîro sataporiso |
tattha passa satasahassâni
tuvam paccasi revate ||

17. hatthe 'pi chindanti atho 'pi pâde (9)
kanne 'pi chindanti atho 'pi nâsam |
atho 'pi kâkolagana samecca
sañgamma khâdanti viphandamânan 'ti || (10)

18. sâdhu kho mam patinetha
kâhâmi kusalam bahum |

(1) S. jitam 'va loke.
(2) S. °rosako P. cchariyo nâsato.
(3) S. mîlham B. milam.
(4) B. gabbhîro. P. Le mot manque; de même plus bas, Cf. 16 c.
(5) yattha passa sahassâni. S. sattavassasahassâni.
(6) S. vâpi.
(7) S. vanibbake, B. vannippake, racine *van*. Cf. *Jât.* XXI, 1, 8 : mâtâ hi tava irandati vidhurassa hadayam *vaniati* « ta mère Irandati désire le cœur de Vidhura; » *Jât.* XXI, 1, 7 : yathâ dinnañ ca dassâmi dânam sabbavanîsu 'han 't (C.=sabbavanibbakesu); *Jât.* XXI, 1, 10, vanibbakâ=yâcakâ (C.).
(8) S. vacesi.
(9) S. pâdam.
(10) P. °bandha° B. vipphan°.

dânena samacariyâya
saññamena damena ca |
ya*m* katvâ sukhitâ honti
'na ca pacchânutappare ||

19. pure tuva*m* pamajjitvâ
idâni paridevasi |
saya*m*katâna*m* kammâna*m*
vipâka*m* anubhûyasi || (1)

20. ko devalokato manussaloka*m*
gantvâna pu*tt*ho me eva*m* vadeyya | (2)
P. XXIII. nikkhittada*nd*esu dadâtha dâna*m*
acchâdana*m* sayanam ath' annapâna*m* |
na hi maccharî rosako (3) pâpadhammo
saggupagâna*m* labhati sahabyata*m* ||

21. sâha*m* (4) nuna ito gantvâ
yoni*m* laddhâna mânussi*m* |
vadaññû sîlasampannâ
kâhâmi kusala*m* bahu*m* ||

22. dânena samacariyâya
sa*m*yamena damena ca |
ârâmâni ca ropissa*m*
dugge sa*n*kamanâni (5) ca |
kûpañ (6) ca udapânañ ca
vippasannena cetasâ ||

23. câtuddasi*m* pa*ñ*cadasi*m*
yâva pakkhassa a*tt*hami*m* |
pâ*t*ihâriyapakkhañ ca
a*tt*ha*n*gasusamâgata*m* ||

24. uposatha*m* upavasissa*m*
sadâ sîlesu sa*m*vutâ |
na ca dânena pamajjissa*m* (7)
sâma*m* di*tt*ham ida*m* mayâ ||

25. icc eva*m* (8) vippalapanti*m*
phandamâna*m* tato tato |

(1) S. anubhossasîti. P. anubhossahi. B. °yyasi.
(2) S. °yya*m*.
(3) B. °ridosako.
(4) S. so hi.
(5) S. dugga° P. °gahe.
(6) S. papa*n* P.
(7) S. pamaddissa*m*.
(8) S. ime 'va.

khipi*m*su niraye ghore
uddha*m*pâda-ava*m*siran'ti || (1)

puna sâ (2)

26. aha*m* pûre maccharinî ahosi*m* P. XXIV.
paribhâsikâ (3) sama*n*abrâhma*n*âna*m* |
vitathena ca sâmika*m* vañcayitvâ
gacchâm' aha*m* niraye ghorarûpe'ti ||
revativimâna*m*
dutiya*m*.

Ce fragment nous retrace un tableau complet de la vie au delà du tombeau : d'un côté, une pécheresse, enlevée au ciel par des serviteurs du dieu de la mort, Yama, contemple la félicité de son époux vertueux; de l'autre, elle voit les tourments qu'elle s'est préparés par ses péchés. Épouvantée, elle implore une seule grâce, celle de renaître dans le monde des humains, et promet d'effacer par une suite de bonnes actions ses fautes antérieures. Elle promet d'être morale et humble et, outre cela, de planter des jardins, de frayer des routes au travers des montagnes, de creuser des puits et des réservoirs. Ce sont précisément les mêmes œuvres qu'Açoka représente comme ses mérites (4). Il considère comme sacrés les mêmes jours (5) pendant lesquels la pécheresse Revati promet d'observer la cérémonie de la confession générale, ou *uposatha*. Ainsi, le Buddhisme existait indubitablement sous le règne de Piyadasi, et ce roi ne pouvait guère être qu'un buddhiste. Cependant aucun de ses édits n'est conçu en langue pâlie; les inscriptions, quoique semblables par le contenu, sont écrites en différents dialectes. Elles nous fournissent des spécimens : 1° du dialecte de l'Inde occidentale (l'inscription de Girnar); 2° du dialecte du nord-ouest de l'Inde (l'inscription de Kapur di Giri) et 3° du dialecte de l'Hindoustan orien-

(1) S. uddhapâda*m*. P. °dha*m*.
(2) ida*m* sa*m*gîtikâravacana*m*.
(3) S. °bbâ°.
(4) Inscription de *Girnar*, tabl. II.
(5) Inscription de *Delhi*, *South Compartment*, 11 et suiv.

tal (l'inscription de l'Orissa); 4° les inscriptions sur colonnes sont partout rédigées dans le même dialecte. Tous ces dialectes se distinguent du pâli surtout par la phonétique; dans tous les quatre, on remarque l'absence du redoublement des consonnes, résultant de l'assimilation de lettres d'organes différents. Par exemple, nous lisons dans l'inscrip-
P. XXV. tion de Bhabra *sadhamme*, pâli *saddhammo*, la bonne loi; *°sûte*, pâli *sutta*. Dans l'inscription de Girnar, nous avons *pâcamtesu*=pâli *paccanta*, éloigné, etc. On rencontre presque à chaque ligne des exemples analogues. Dans la courte inscription de Bhabra, on observe les différences suivantes avec le pâli,—cette inscription s'adresse au Sa*m*gha du Magadha, et comme le pâli est précisément désigné sous le nom de langue du Magadha, ces différences en sont d'autant plus curieuses, — la lettre *l* remplaçant le *r*, par exemple *lâjâ* (*râjâ*, sskr. *râjan*), roi, *âliya* (*ariya*, sskr. *ârya*) respectable; la chute du *y* dans les mots *âvatake* (de *yâvat*), *e* (*yah*, pâli *yo*); dans la morphologie, chose remarquable, le nominatif des thèmes en *a*, du genre masculin, a pour désinence *e*. Le dialecte qui se rapproche le plus de ce dernier est celui de Dhauli et des inscriptions sur colonnes. Lassen le compare au mâgadhî des grammairiens indiens (1), et en effet, ils ont beaucoup de points communs, par exemple, le nominatif singulier en *e* et *l* pour *r*. La désinence *e* du nominatif singulier se maintient quelquefois même dans des mots composés, par exemple, *bhâve-sudhi* (*Dh.* VII), pureté de la nature; *a* devient *e*, au datif singulier, par exemple, *hitasukhâye*, *etâye*, *athâye*, *dâkhinâye*, etc.; le locatif singulier de ces mêmes thèmes emprunte à la déclinaison pronominale le suffixe *si* pour *smin*, par la chute du *m*, par exemple, *dhammasi*, *silasi*, *athasi*. (On trouve de même sur l'inscription de Bhabra *budhasi*, *dhammasi*, *samghasi*); la chute du *y* s'y observe également: *âdise* (*yâdrç*), *e* (*yah*), *âva* (*yâvat*), *asa* (*yasya*), *am* (*yam*). Dans ce dialecte, la nasale dentale *n* correspond à la palatale

(1) *Loc. cit.* II, 222.

ñ du pâli, par exemple, *ane* (*aññe, anye*), *annâni* (*aññâni, anyâni*), *pamnadasam* (*pañca°*); *l*, comme dans le dialecte de Bhabra, provient de *r*; *h* remplace les aspirées, par exemple, *nigohâni* (pâli *niggodha*), *hûtapuluve* (*bhûtapubba*); les douces remplacent aussi les fortes, par exemple, *dhammalibi* (*°lipi*). Les dialectes occidentaux se distinguent des dialectes orientaux par une phonétique plus archaïque; ainsi, dans l'inscription de Kapur di Giri, on trouve encore les trois sifflantes *ç, sh, s* : *priyadaçisa, vashaçatâni, priyasa;* le *r* est souvent maintenu, par exemple, *savatra, mitrena, mitrasa, çramanam*; les sifflantes restent même devant les dentales, P. XXVI. par exemple, *nâsti, dhammânusasti* (*Girnar*, VIII); dans quelques cas, on observe le passage d'une douce à une forte, par exemple, *paricajipta* (*Girn.*, X, *tyaj*+*tvâ*) (1). Des particularités que nous venons de citer, il ressort clairement que le pâli se distingue de tous les dialectes des inscriptions. Il se rapproche le plus des dialectes orientaux, quoique la plupart du temps il nous présente un degré de développement plus ancien du langage arien primitif, et cette analogie est très-digne de remarque, car il faut y voir une nouvelle indication de l'endroit où nous devons chercher le berceau du pâli.

Le mot *pâli* signifie « texte »; il s'écrit *pâli* ou *pâḷi*, et dérive probablement de la racine *path*, lire. Le pâli porte encore les noms de *mâgadhî*, langage du Magadha, c'est-à-dire, soit du pays de Magadha, soit des chantres (*mâgadha*, chantre) et de *jinavacana*, langage du vainqueur, ou du Buddha. Enfin, cette langue est opposée à l'idiome vulgaire : yam lokiyâ « pâcijâtan 'ti » vadanti tam mâgadha-bhâsâya pàricchattakan 'ti vuccati (2) : « Ce qui dans l'idiome vulgaire est nommé *pârijâta* (de même en sskr.), *Erythrina indica*, prend en mâgadhî (c'est-à-dire en pâli) le nom de *pâricchattaka*. » Ainsi le pâli n'est point le langage populaire; c'est la langue

(1) *Ibid.* 489, ex. I.
(2) *Vimânavatthuatthakathâ*, III, 10, 1 (Ms. de l'*India Office library*).

des textes, la langue du Buddha lui-même, et comme cette langue est encore appelée mâgadhî, il s'ensuivrait, en premier lieu, que le Buddha parlait mâgadhî et, en second lieu, que le pâli et le dialecte mâgadhî doivent être une seule et même langue. Or, nous avons vu que le pâli est distinct du dialecte des inscriptions orientales et même de celui de l'inscription de Bhabra, adressée directement aux religieux du Magadha ; qu'il est aussi distinct du dialecte des inscriptions sur colonnes et de celui de Dhauli, dialectes surtout répandus à l'est de l'Inde : il est donc douteux que le pâli ait été la langue du Buddha qui, on le sait, n'est point originaire du Magadha et n'y agit point exclusivement. Il est vrai que ses débuts sont étroitement liés au Magadha, que le Buddhisme y
P. XXVII. fleurit tout d'abord, que c'est de là qu'il se propagea de tous côtés, et que c'est là que régnait Açoka; mais, d'autre part, on sait que l'enseignement resta longtemps oral et se transmit de bouche en bouche aux diverses contrées, non pas dans l'un quelconque des dialectes, mais dans plusieurs à la fois. « La parole du Buddha, dit le canon lui-même (1), doit être comprise par chacun en son dialecte. » Effectivement, nous avons des spécimens des plus anciens écrits buddhiques en différents dialectes. En voici quelques exemples en vers :

Godhajâtakam, IV, 4, 3, dans le *Mahâvastu*, folio 110-112.

2. name namantasya bhaje bhajanta*m*	name namantassa bhaje bhajantam |
krtyânukâryasya kareyam artha*m* || (2)	kiccânukubbassa kareyya kiccam ||
asa*m*bhajanta*m* na ca sa*m*bhajeya |	nânatthakâmassa kareyya attham |
nânarthakâmasya kareya artha*m* ||	asambhajantam 'pi na sambhajeyya ||

2. « (a) Salue celui qui, lui-même, salue ; (b) fais le bien à

(1) *Prâtimoksha*, p. XLII.
(2) Le Ms. lit : krtânukârîyasya.

celui qui, lui-même, fait le bien ; (c) ne rends pas de services à celui qui réclame indûment (Réd. sskr. c=d) ; (d) ne partage pas avec celui qui, lui-même, ne partage pas (Réd. sskr. d=c). »

3. tyaje tyajanta*m* satata*m* na gacche |	caje cajanta*m* vanatha*m* na kayirâ |
apetabhâvena na sa*m*vaçeya ||	apetacittena na sa*m*bhajeyya ||
dvijo druma*m* kshî*n*aphala*m* viditvâ |	dijo duma*m* khî*n*aphalan 'ti ñatvâ |
anya*m* parîksheya mahâ*m* hi loko ||	añña*m* samekkheyya mahâ hi loko ||

3. « (a) Abandonne celui qui abandonne, ne te lie point P. XXVIII.
avec lui (Réd. sskr. ne va pas continuellement le trouver); (b) ne fais pas ta société du sot; (c) l'oiseau même, lorsqu'il reconnaît qu'un arbre est sans fruits, (d) en cherche un autre, car le monde est vaste. »

Mahâvastu, folio 352. *Dhammapadam*, p. 19.

sahasram api vâcânâm	100. sahassam api ce vâcâ
anarthapadasa*m*hitânâ*m* |	anatthapadasa*m*hitâ |
ekâ arthavatî çreyâ	eka*m* atthapada*m* seyyo
yâ*m* çrutvâ upaçâmyati ||	ya*m* sutvâ upasammati ||

100. « (a) *Plutôt que* mille paroles (b) dénuées de sens, (c) mieux vaut un seul mot renfermant un sens, (d) lequel entendant, tu seras tranquillisé. »

sahasram api gâthânâm	101. sahassam api ce gâthâ
anarthapadasa*m*hitânâ*m* |	anatthapadasa*m*hitâ |
ekâ arthavatî (1) çreyâ	eka*m* gâthâpada*m* seyyo
yâ*m* çrutvâ upaçâmyati ||	ya*m* sutvâ upasammati ||

101. « (a) *Plutôt que* mille vers (b) dénués de sens, (c) mieux vaut un seul vers renfermant un sens, (d) lequel entendant tu seras tranquillisé. »

(1) Ms. ekârthavatî.

yo ca varshaçata*m* jive
agniparicara*m* (1) caret |
pâtrâhâro channâvasî
karoti (2) vividha*m* tapa*m* ||

107. yo ca vassasata*m* jantu*m*
aggi*m* paricare vane |

yo caika*m* bhâvitâtmâna*m*
muhurtam api pûjayet |
sâ eva pûjanâ (3) çreyâ
na ca varshaçata*m* huta*m* ||

ekañ ca bhâvitattâna*m*
muhuttam api pûjaye |
sâ yeva pûjanâ seyyo
yañ ce vassasata*m* huta*m* ||

P. XXIX. (a) « *Si l'on compare* celui qui vit cent ans (b) et sert le feu (Réd. p. dans la forêt), (Réd. sskr. seulement : qui mange dans une jatte et, vivant sous un toit, pratique de diverses manières l'ascétisme), (c) et celui qui à un sage (d) rend hommage même un seul instant, (e) cet hommage est préférable (f) à l'offrande du sacrifice pendant cent ans. »

yat kiñcit tesha*m* 'va huta*m* ca loke
sarva*m* jayati pu*n*yaprekshî |
sarva*m* 'pi ta*m* (4) na caturbhâgam eti
abhivâdanam ujjugatesu çreya*m* ||

108. ya*m* kiñci yi*tt*ha*m* va huta*m* va loke
sa*m*vacchara*m* yajetha puññapekkho |
sabbam 'pi ta*m* na catubhâgam eti
abhivâdanâ ujjugatesu seyyo ||

(Réd. sskr. a) « Tout ce que ceux-ci apportent, dans ce monde, en sacrifice, (b) tout cela est surpassé par celui qui possède la vraie croyance. (a) Quelque sacrifice, quelque offrande (b) qu'apporterait toute l'année celui qui possède la vraie foi, (c) tout cela ne vaut pas même le quart (d) de l'hommage envers celui qui est dans le droit chemin. »

yo ca varshaçata*m* jîve
du*h*çîlo asamâhita*h* |
ekâha*m* jîvita*m* çreya*m*
çîlavantasya dhyâyato (5) ||

110. yo ca vassasata*m* jîve
dussîlo asamâhito |
ekâha*m* jîvita*m* seyyo
sîlavantassa jhâyino ||

(1) Ms. agni*m* pari°.
(2) Ms. karonti.
(3) Ms. so eka pujanâ çreyo.
(4) Ms. sarve ci.
(5) Ms. vâ yato.

(a) « *Pour* cent années que vivrait un homme (b) dans l'immoralité et sans se livrer à la méditation, (c) mieux vaut un seul jour de la vie (d) de l'homme moral et qui médite. »

yo ca varshaçata*m* jîve
kuçîdo hînavîryavân |
ekâha*m* jivita*m* çreya*m*
vîryam ârambhato d*r*dha*m* ||

112. yo ca vassasata*m* jîve
kusîto hînavîriyo |
ekâha*m* jîvita*m* seyyo
viriyam ârabhato da*l*ha*m* ||

(a) « *Pour* cent années que vivrait un homme (b) dans la paresse et la mollesse, (c) mieux vaut un seul jour de la vie (d) de l'homme énergique. » P. xxx.

yo ca varshaçata*m* jîve
apaçya*m* dharmam uttama*m* |
ekâha*m* jivita*m* çreya*m*
paçyato dharmam uttama*m* ||

115. yo ca vassasata*m* jîve
apassa*m* dhammam uttamam |
ekâha*m* jîvita*m* seyyo
passato dhammam uttama*m* ||

(a) « *Pour* cent années que vivrait un homme (b) sans avoir contemplé la loi sublime, (c) mieux vaut un seul jour de la vie (d) de qui a contemplé la loi sublime. »

yo ca varshaçata*m* jîve
apaçya*m* udayavyaya*m* |
ekâha*m* jivita*m* çreya*m*
paçyato udayavyaya*m* ||

113. yo ca vassasata*m* jîve
apassa*m* udayavyaya*m* |
ekâha*m* jivita*m* seyyo
passato udayavyaya*m* ||

(a) « *Pour* cent années que vivrait un homme (b) sans comprendre le commencement et la fin, (c) mieux vaut un seul jour de la vie (d) de celui qui a compris le commencement et la fin. »

yo ca varshaçata*m* jive
apaçya*m* am*r*ta*m* pada*m* |
ekâha*m* jivita*m* çreya*m*
paçyato am*r*ta*m* pada*m*. ||

114. yo ca vassasata*m* jîve
apassa*m* amata*m* pada*m* |
ekâha*m* jîvita*m* seyyo
passato amata*m* pada*m* ||

(a) « *Pour* cent années que vivrait un homme (b) sans avoir compris l'immortalité, (c) mieux vaut un seul jour de la vie (d) de celui qui a compris l'immortalité. »

Mahâvastu et *Mahâvagga.*

yadâ ime prâdurbhavanti dharmâ	yadâ ha ve pâtubhavanti dhammâ
âtâpino dhyâyato brâhma*n*asya |	âtâpino jhâyato brâhma*n*assa |
athâsya kâñkshâ vyapanenti sarvâ	ath' assa kañkhâ vapayanti sabbâ
yadâ prajânâti sahetudharma*m* ||	yato pajânâti sahetudhamma*m*. ||

(a) « Lorsque les lois apparaissent clairement (b) au brahmane qui pratique l'ascétisme et médite, (c) toutes ses passions disparaissent, (d) car il a acquis la connaissance de la loi et de ses principes. »

P. XXXI.

yadâ ime prâdurbhavanti dharmâ	yadâ ha ve pâtubhavanti dhammâ
âtâpino dhyâyato brâhma*n*asya |	âtâpino jhâyato brâhma*n*assa |
athâsya kâñkshâ vyapanenti sarvâ	ath' assa kañkhâ vapayanti sabbâ
yadâ (1) kshaya*m* pratyayânam (2) avaiti |	yato khaya*m* paccayâna*m* avedi. ||

(a) « Lorsque les lois apparaissent clairement (b) au brahmane qui pratique l'ascétisme et médite, (c) toutes ses passions disparaissent, (d) car il a acquis la connaissance de l'anéantissement des causes. »

yadâ ime prâdurbhavanti dharmâ	yadâ ha ve pâtubhavanti dhammâ
âtâpino dhyâyato brâhma*n*asya |	âtâpino jhâyato brâhma*n*assa |
vidharshitâ tish*th*ati mârasainyâ	vidhupaya*m* ti*tth*ati mârasena*m*
sûryenaiva obhâsitâ antarìksha*m* (3) ||	sûriyo 'va obhasayam antalikkha*m* ||

(a) « Lorsque les lois apparaissent clairement (b) au brahmane qui pratique l'ascétisme et médite, (c) il reste vainqueur de l'armée de Mâra, (d) comme le soleil qui illumine le ciel. »

(1) Ce mot manque dans le Ms.
(2) Je corrige ainsi la leçon *pratyâna*.
(3) Seul le Ms. P. (de Paris) lit : °sitam. anta°, peut-être °sitam anta°.

yo brahma*n*o vâhitapâpadharmo	yo brâhma*n*o bâhitapâpadhammo
nihuhûko nishkashâyo yadâtmâ |	nihuhu*n*ko nikkasâvo yatatto |
kshî*n*âçravo antimadehadhârî	vedantagû vusitabrahmacariyo
dharme*n*a so brâhma*n*o brahma-	dhammena so brâhma*n*o brahma-
vâda*m* vadeya ||	vâda*m* vadeyya |
	yass' ussado n'atthi kuhiñci loke ||

(a) « Celui qui anéantit en lui les péchés, (b) qui n'est point orgueilleux, qui est sans passions, dont l'âme est humble (Réd. sskr. dont l'âme est sans passions), (c) qui a compris les Védas et qui est chaste, (d) celui-là s'appellera légalement un brahmane, (e) pour qui il n'existe au monde aucune jouis- P XXXII.
sance. »

pûrvavase nivâsena	pubbe 'va sannivâsena
pratyutpanne hitena vâ |	paccuppannahitena vâ |
eva*m* sa*m*jâyate premnam	eva*m* ta*m* jâyate pemam
utpala*m* vâ yathodake ||	uppala*m* 'va yathodake || (1)

(a) « Par le séjour dans une première existence (b) ou le bien pratiqué dans la vie présente (c) naît l'amour (d) comme le lotus dans l'eau. »

Les premiers investigateurs du Buddhisme savaient déjà que les livres sacrés des buddhistes existaient en plusieurs langues, et Burnouf a consacré les dernières pages de son commentaire du *Lotus de la bonne loi* à l'examen de quelques passages du Canon, conservés en différentes langues. Avant lui, Hodgson (2), auquel nous sommes redevables de la découverte des originaux népalais des écrits buddhiques, avait exprimé son opinion sur ce point; voici en résumé quelles étaient ses vues sur la diversité des rédactions. Il faut distinguer la propagande et l'extension de la religion de l'élaboration des principes spéculatifs d'où est sorti le système religieux en entier; dans le premier cas on s'adressait à la majorité; dans le second, au contraire, à la minorité. C'est

(1) *Mahâvastu* et *Jât.* II, 9, 7.
(2) *Journ. of the as. Soc. of Bengal,* t. VI, p. 682 et suiv.

pourquoi les buddhistes, en réformateurs pratiques, s'adressèrent au peuple et firent usage, pour la propagande, d'un idiome populaire. Mais les philosophes dogmatiques qui posèrent les bases de la foi populaire s'exprimèrent, se défendirent et systématisèrent en sanskrit. Hodgson montre (1) que le sanskrit leur était indispensable pour la défense de leurs principes philosophiques; les buddhistes, à son avis, étaient en général des savants, et avaient affaire à des savants dans
P. XXXIII. leurs débats; conséquemment les buddhistes, en tant que philosophes, s'approprièrent exclusivement le sanskrit (2). Mais, à côté d'eux, il y avait un système pratique de religion, qui se répandait par l'intermédiaire d'un idiome populaire. On doit donc, suivant lui, considérer la rédaction pâlie comme une source secondaire, puisqu'on n'a point trouvé en pâli la *Prajnâpâramitâ*, ouvrage fondamental de la philosophie buddhique (3). — Tous les auteurs qui ont suivi Hodgson s'en sont tenus, à peu de chose près, à cette opinion, relativement à la question qui nous occupe. Ainsi Lassen (4), appréciant le rôle des différentes langues dans des écrits de plusieurs genres conservés par des sources tibétaines (5), fait observer qu'on retrouve ici une influence marquée de cette systématisation des grammairiens qui, dans les drames, a fait assigner un dialecte à chaque personnage, suivant sa condition. Ce fait lui donne à penser que vraisemblablement, dès le principe, l'écriture sainte des buddhistes était conçue en plusieurs langues. Il croit que le Buddha se servait pour prêcher de différents dialectes: du sanskrit, lorsqu'il parlait aux brahmanes, d'un idiome populaire, lorsqu'il s'adressait au peuple; que, pour les récits de sa vie et pour ses discours, il y avait aussi deux rédactions: la rédaction sanskrite et la rédaction populaire. Ces deux rédactions auraient déjà existé

(1) *Journ. of the as. Soc. of Bengal*, t.VI, p. 683.
(2) « The philosophic founders of Buddhism used Sanskrit and Sanskrit only, to expound, defend and record the speculative principles of their system. »
(3) *Ibid.*, p. 684.
(4) *Loc. cit.* II, p. 491.
(5) *Journ. of the as. Soc. of Bengal*, t.VI, p. 688, communication de Csoma de Körös.

du temps du premier concile; ce qui expliquerait comment des formes populaires se sont glissées dans la rédaction sanskrite (1); dans les sûtras qui, on le sait, ne se sont répandus que plus tard, il s'est introduit des formes populaires, parce que, sans doute, ils furent rédigés dans une contrée où l'on connaissait mal le sanskrit, c'est-à-dire dans le Kashmir (2). Burnouf (3), admettant aussi deux rédactions, la rédaction P. XXXIV.
sanskrite et la rédaction pâlie, dit que l'une d'elles était destinée au peuple et l'autre aux brahmanes; mais, en ce qui concerne la rédaction pâlie, il reconnaît qu'elle a subi plus tard l'influence de la grammaire (4). D'Alwis (5) considère la rédaction pâlie comme orthodoxe ; les compositions népalaises ont été, d'après lui, l'œuvre des hérésies dont parlent les chroniques de Ceylan et en particulier le *Dîpavamso.* Childers (6) les envisage également comme des traductions postérieures du pâli. Tous ces auteurs n'ont en vue que deux rédactions, la rédaction sanskrite et la rédaction pâlie; cependant il est notoire qu'il y avait un bien plus grand nombre de canons buddhiques, et qu'ils n'étaient pas seulement rédigés en sanskrit et en pâli, mais aussi dans d'autres dialectes (7).

Les monuments littéraires connus en langue pâlie appartiennent tous à une époque postérieure à la création du Buddhisme et sont de deux espèces: (a) les écrits canoniques (nous ne parlons naturellement ici que de la rédaction et non du contenu qui, par exemple dans les *Jâtakas,* peut remonter à une haute antiquité), c'est-à-dire les trois *Pitakas,* ou les trois Vases, divisés en *sûtras,* ou discours, en *vinaya,* ou discipline buddhique, et en *abhidharma,* ou philosophie buddhique; (b) les écrits non canoniques: ouvrages religieux,

(1) Lassen, *loc. cit.* II, 493.
(2) *Ibid.*, p. 492.
(3) *Lotus de la bonne loi*, p. 862.
(4) *Ibid.* « La culture du pâli à Ceylan y a pu introduire une régularité factice. »
(5) *Introduction to Kacchâyana's Grammar*, p. 69.
(6) *Notes on Dhammapada,* dans le *Journ. of the Roy. As. Soc.* de 1871, mai, p. 9.
(7) Wassilief, *Buddhisme,* I, 267.

chroniques, grammaires, métriques, dictionnaires, traités de médecine, etc. Les écrits de la première espèce sont plus anciens que tous les spécimens connus aujourd'hui de ceux de la seconde espèce. Ainsi donc, le pâli nous apparaît en même temps que le Buddhisme; le premier monument écrit en cette langue est buddhique. Les buddhistes regardent les trois *Pitakas* comme la parole de leur maître et nous ont conservé sur l'historique des canons de courts mais précieux
P. xxxv. renseignements. Pour mieux en apprécier la valeur respective, il est indispensable d'examiner les éléments qui formaient la communauté religieuse (*Samgha*), — la gardienne de la loi, par excellence.

Le canon lui-même, notamment la division des règlements disciplinaires (*vinaya*), fournit quelques indications sur l'organisation de la communauté primitive. Ces données sont réunies principalement dans le chapitre du vinaya qui traite du rite de la « consécration » (*Mahâvagga : mahâkhandhako pathamo* (1). Nous trouvons ici une longue liste des personnages qu'il ne faut absolument pas laisser pénétrer dans la communauté religieuse, ou qu'il n'y faut admettre que sous des conditions déterminées. Les règles concernant les personnes dignes ou non d'être admises parmi les religieux n'ont évidemment point été formées de toutes pièces, mais se sont développées et accumulées progressivement. La seule mention de certaines personnes est une preuve suffisante que le fait de leur admission dans la communauté précéda la règle, et que la règle ne fut pas instituée préventivement, mais naquit sous l'influence de circonstances déterminées.

Voici les règlements qui concernent l'admission dans la communauté religieuse.

Étaient refusées: 1° les personnes ayant commis quelque faute grave, par exemple les parricides, etc.; 2° les personnes atteintes de quelque infirmité.

(1) Nos citations se réfèrent au Ms. de la Bibl. nat. de Paris, fonds Grimblot, n° 6.

En dehors de ces deux catégories, 1° on pouvait recevoir les *tîrthikas,* c'est-à-dire ceux qui appartenaient à une secte non buddhique, pourvu qu'ils se soumissent à une préparation de quatre mois: « Quiconque, ô frères! après avoir été d'abord hérétique (*tîrthika*) désire être « consacré » dans cette loi (le Buddhisme) doit obtenir quatre mois pour sa préparation : yo so bhikkhave aññatitthiyapubbo imasmi*m* dhammavinaye âkañkhati pabbajja*m* upasa*m*pada*m* tassa cattâro mâse parivâso dâtabbo; 2° On admettait sans cette condition : (a) les prêtres d'Agni, *aggikâs,* (b) les *jâtilâs,* parce qu'ils ne nient point les rites et les bonnes œuvres : ye te bhikkhave aggikâ jâ*t*ilakâ te P xxxvi.
âgatâ upasa*m*pâdetabbâ. na tesa*m* parivâso dâtabbo. ta*m* kissa hetû kammavâdino ete bhikkhave kiriyâvâdino. Comm.: aggikâ 'ti aggiparicara*n*akâ, jâ*t*ilakâ 'ti tâpasâ ete bhikkhave kiriyâvâdino 'ti ete kiriya*m* na pa*t*ibâhanti, atthi kamma*m* atthi kammavipâko'ti eva*m*-di*tt*hikâ. « O frères! si les serviteurs du dieu Aggi ou les *jâtilakâs* se présentent, il faut les consacrer, sans leur imposer un délai pour se préparer. Pourquoi? Parce que, ô frères! leur doctrine reconnaît les « œuvres » (et leurs conséquences) et les rites. » Le commentateur, interprétant ce passage, dit : « Les *aggikâs* sont les serviteurs du dieu Aggi, les *jâtilakâs* sont des ascètes, » et plus loin : « Ils ne nient point les rites et sont convaincus qu'il y a des œuvres et leurs conséquences ; » (c) tous ceux qui appartenaient à la race des Çâkyas, parce qu'ils ne pouvaient dénigrer la loi de leur parent : Sa ce bhikkhave jâtiyâ sâkiyo aññatitthiyapubbo âgacchati so âgato upasa*m*pâdetabbo na tassa parivâso dâtabbo. Comm.: te hi titthâyatâne pabbajitâ'pi sâsanassa ava*nn*akâmâ na honti amhâka*m* ñâtise*tt*hassa sâsanan ti va*nn*avâdino 'va honti... « O frères! si quelqu'un de la race des Çâkyas, après avoir été d'abord hérétique, se présente, il faut le consacrer à son arrivée, et ne pas lui imposer de délai pour se préparer. » Le commentateur interprète ainsi ce passage : « Ces (Çâkyas), bien qu'ils aient été consacrés dans un temple de *tîrthikas,* ne se mettront point à dénigrer la loi, mais en feront l'éloge en se disant : « C'est l'enseignement de notre meilleur parent »;

3° On ne pouvait consacrer les serviteurs du roi, ni ceux qui en recevaient un traitement : na bhikkhave râjabhato pabbâjetabbo : « O frères ! ne consacrez point les serviteurs du roi ; » on parle ici du cas où le serviteur n'a point reçu d'ordre royal de se faire religieux.

On ne pouvait consacrer un brigand, qui exerçait ouvertement son métier : na bhikkhave dhajabaddho coro pabbâjetabbo : « O frères ! il ne convient point de consacrer un brigand à étendard. » Le commentateur interprète ainsi ces paroles :
P. XXXVII. dhajam bandhitvâ vicaratîti dhajabaddho mûladevâdayo viya loke pâkato 'ti vuttam hoti. . . . . . . yo pana râjaputto rajjam panctanto gâmaghâtâdîni karotîti so pabbâjetabbo râjâno hi tasmim pabbâjite tussanti sa ce pana na tussanti na pabbâjetabbo. pubbe mahâjane pâkato coro pacchâ corakammam pahâya pañcasîlâni samâdiyati sa ce manussâ evam jânanti pabbâjetabbo. « On appelle brigand à étendard celui qui marche l'étendard levé, parce qu'il est aussi connu dans le monde que, par exemple, le roi légitime. . . . . . Mais si quelque fils de roi, fondant un royaume, détruit les villages et commet des actes semblables, il convient de le consacrer, car les rois en seront contents ; toutefois, si les rois n'en étaient point contents, il ne conviendrait point de le consacrer. Si un brigand, connu comme tel dans le peuple, cesse par la suite ses brigandages et embrasse les cinq préceptes, au su de tout le monde, il convient de le consacrer. »

On ne pouvait consacrer un esclave : na bhikkhave dâso pabbâjetabbo : « O frères ! on ne doit pas consacrer un esclave. » Toutefois cette règle admettait de nombreuses exceptions. On considérait comme esclaves les prisonniers de guerre (*karamarânîtâ*), et dans certains cas on pouvait les consacrer : « Si un esclave, prisonnier de guerre, est amené par quelqu'un et vit chez lui, ou en prison, ou est gardé par les habitants, on ne doit pas le consacrer ; mais s'il s'enfuit, on pourra le consacrer dans l'endroit où il arrivera ; ou bien, si le roi satisfait dit : « Élargissez les captifs ..... » à leur mise en liberté on peut les consacrer. (Comm. : evam-

rûpo karamarânito dâso yehi ânîto tesam santike vâ vasanto vâ bandhanâgâre baddho vâ purisehi rakkhiyamâno vâ na pabbâjetabbo raññâ tuṭṭhena karamarânitake muñcatha 'ti vatvâ... bandhanamokkhe kate pabbâjetabbo...). « Si le roi a des enfants d'une esclave, semblables à des fils de ministre, on ne peut les consacrer » : rañño vaṇṇadâsînam puttâ honti amaccaputtasadisâ te 'pi na pabbâjetabbâ. « Si des pauvres quelconques, se disant : « Nous vivrons aux dépens de la communauté », se présentent et se font serviteurs du monastère, on peut les consacrer (te duggatamanussâ saṅgham nissâya jîvissâmâ 'ti vihâre kappiyakârakâ honti etc pabbâjetum vaṭṭati). On ne pouvait consacrer celui qui était né d'une mère esclave et d'un père libre (yassa mâtâpitaro dâsâ mâtâ eva dâsî pitâ adâso tam pabbâjetum na vaṭṭati). P. XXXVIII.
Si un esclave n'avait pas de maître, on le considérait comme affranchi et on pouvait le consacrer; s'il arrivait qu'on eût consacré un esclave, sans le savoir, et qu'ensuite on l'apprît, il fallait l'affranchir (nissâmikadâso hoti so bhuñjisso 'va kato pabbâjetabbo ajânanto pabbâjetvâ upasampâdetvâ vâ pacchâ jânâti bhuñjissam kâtum eva vaṭṭati).

Il est donc bien évident que la communauté religieuse primitive était des plus mêlées : un esclave, un hérétique, un brahmane, un prêtre d'Agni, un captif, etc., pouvaient se faire moines; tous ces personnages pouvaient s'exprimer en différentes langues, et en effet, nous trouvons dans le *vinaya* la prescription suivante : on expliquait au nouveau converti, après la cérémonie, les dix commandements buddhiques; s'il ne les comprenait pas dans la langue des saintes écritures, il était permis de les lui expliquer et commenter en quelque autre dialecte que ce fût (1). Et à coup sûr, on peut affirmer que ce cas de l'ignorance de la langue sacrée devait se présenter fréquemment. La différence des langues est clairement indiquée dans les premiers temps du Buddhisme. Pendant l'intervalle qui s'écoula entre le premier concile et le second, ou entre le premier et le troi-

(1) Voyez *Prâtimoksha*, p. XLIV.

sième, d'après les informations fournies par ceux des buddhistes qui ne connaissent point le roi Kâlâçoka et le concile qui eut lieu sous son règne, au deuxième et troisième siècle après la mort du Buddha, plusieurs sectes se formèrent parmi les buddhistes. Le maître lui-même avait prédit la venue de ces mutilateurs de l'enseignement (*çâsanadushakâ*h) ; il dit : « Dans le troisième siècle après mon *nirvâna*, on honorera de pareilles gens (*karandavyûha* folio 81. bhagavân âha. trtîye varshaçate gate mama parinirvritasya tathâgatasya idrçâ dakshinîyâ bhavishyanti). Les sectes différaient sur l'interprétation de l'une des épithètes (*arhat*, saint), peut-être même du nom primitif du Maître; elles toléraient des dérogations au caractère original des institutions disciplinaires ; elles enseignaient beaucoup de choses en donnant de pseudo-commentaires des expressions de cette littérature orale qui était conservée dans les communautés religieuses, et qui ne fut écrite que beaucoup plus tard. Ces pseudo-commentaires étaient naturellement dus, en partie, à ce fait que les religieux parlaient différents dialectes.
P. XXXIX Il est dit dans Târanâtha (1) que ceux qui transmirent les sûtras dans les dialectes de diverses contrées, en modifièrent quelque peu l'ordre et la liaison des expressions, d'où il résulta certaines différences dans les lettres brèves et longues (qui peuvent changer le sens). Pour des personnes qui n'entendaient point complétement une langue autre que leur langue natale, il était bien facile de confondre une lettre avec une autre et, par suite d'une telle substitution, d'enseigner des choses qui ne découlaient point directement de la rédaction primitive du canon. Ainsi nous savons qu'il y avait une secte appelée *Uttarâpadhaka* qui soutenait qu'on peut dès sa naissance atteindre au premier degré de la sainteté. A en croire le commentateur de l'ouvrage où ce point était enseigné, cela viendrait de ce que dans la phrase *upahacca parinibbâyi* « il est parvenu

(1) Page 42; Cf. *Dîpavamso*, *apud* d'Alwis, p. 63, et *Prâtimoksha.*, p. XLII.

au repos, après avoir achevé (sa vie terrestre), » on aurait substitué au mot « *upahacca* », ayant terminé (*har*+ suff. *tya*), le mot « *upapajja* » (*pad*+ suff. *ya*), s'étant manifesté (yesa*m* vâ upahacca parinibbâyîti pada*m* parivattetvâ upapajja parinibbâyîti ca pariyâpunantâna*m* saha uppattiyâ arahâ hotîti laddhi seyyathâpi etarahi uttarâpadhakâna*m* (1). Deux autres sectes, les *Pubbaseliyâ* et les *Sammîtiyâ*, admettaient qu'il existait une situation intermédiaire, c'est-à-dire dans laquelle un être, qui n'est doué ni de la vue divine ni de facultés surnaturelles, a cependant le pouvoir d'attendre pendant sept jours et plus le moment favorable (à la conception) de l'union (charnelle) entre son père et sa mère. Et cette opinion provenait de ce qu'on avait mal compris certains mots dans la phrase : *antarâparinibbâyîti* « Cependant il parvint au repos » ; on avait donné à un adverbe le sens d'un nom (antarâparinibbâyîti suttapada*m* ayoniso gahetvâ antarâbhavo nâma atthi yattha pa*tt*ho dibbacakkhuko viya adibbacakkhuko iddhimâ viya aniddhimâ mâtâpitusamâgamañ ca (Ms. lit tâpîti)
eva utusamayañ ca olokayamâno sattâha*m* vâ atirekasattâha*m* vâ tit- P. XL.
*t*hatîti laddhi seyyathâpi pubbaseliyânañ c'eva sammîtiyânañ ca »). Dans les appellations de différentes écoles, on retrouve des noms de localités, par exemple *Vajjiputtâ*, les fils du pays de *Vajji* (*Vrji; vatsa*, en pâli *vaccha;* aussi est-il douteux que ce nom soit identique avec le sanskrit *Vatsîputra*), *Cetiyâ* (la localité porte le même nom), *Aparaseliyâ* (*Aparaçaila*), *Pubbaseliyâ* (*Pûrvaçaila*), — ces deux dernières tiraient probablement leur dénomination de montagnes auprès desquelles vivaient les communautés, — *Shannagarikâ*, secte des six villes ; quatre sectes portaient le nom de *Andhakâ*, tiré du pays de Andhra, c'étaient les *Pubbaseliyâ*, les *Aparaseliyâ*, les *Râjagiriyâ* et les *Siddhatthikâ* (andhakâ nâma pubbaseliyâ aparaseliyâ râjagiriya siddhatthikâ 'ti ime pacchâuppannanikâyâ. *Kathâvatthuppakarana-atthakathâ*) ; l'é-

(1) *Kathâvatthu* (Ms. de la Bibl. nat. de Paris, folio *nl.* verso). Dans le *Mahâvyutpatti*, folio 49, verso, on trouve mentionné, parmi les différentes catégories de religieux, l'Upapadyaparinirvâyî.

cole de *Lokottaravâdin* est appelée *Madhyadeçika*, dans le *Mahâvastu* (au commencement); le nom de l'école *Uttarâpadhaka* se rattache probablement au mot *uttarâpatha*, route du nord, pays du nord. Les communautés, en se répandant sur toute la presqu'île, apportèrent avec elles une littérature orale; ainsi, dans la *Prajnâpâramitâ* (folio 120, Ms. du Musée Britannique, oriental, 87), il est dit qu'à la mort du maître les sùtras contenant l'explication des *pâramitâ* se répandront d'abord dans le Deccan, d'où ils passeront dans l'Inde orientale, et de là au nord (ime khalu puna*h* çâriputra sha*t*pâramitâpratisa*m*yuktâ*h* sûtrântâs tathâgatasyâtyayena dakshinâpathe pracarishyanti dakshinâpathât punar eva vartanyâ*m* pracarishyanti. vartanyâ*h* punar uttarâpathe pracarishyanti). En se transportant de contrée en contrée, les religieux étaient naturellement forcés d'adopter la langue du pays dans lequel ils prêchaient, et comme la littérature tout entière resta longtemps orale et ne se conserva que dans la mémoire, la traduction ne pouvait présenter de difficultés. C'est là qu'est le point de départ des différents canons (1), auxquels fait déjà allusion une légende du *vinaya* pâli (2). On raconte du Buddha qu'on lui proposa de traduire ses prédications dans la langue des Védas, parce que ses auditeurs de différentes contrées estropiaient ses paroles; mais il repoussa cette offre et déclara que : la parole du Buddha devait
P. XLI. être comprise par chacun en son dialecte.

Il est difficile de ne pas conclure de tout ceci que, primitivement, il n'y avait pas un canon unique et deux seules rédactions, la rédaction sanskrite et la rédaction dans un idiome populaire, mais que la littérature primitive, transmise oralement, devait se modifier suivant le langage de chaque contrée. Plus tard cette littérature orale fut rédigée différemment, selon la contrée, et c'est ce qui explique la ressemblance que présentent certains passages de quelques

(1) Wassilief, *Bouddhisme*, I, p. 267.
(2) *Prâtimoksha*, p. XLII, n. 91.

canons à côté d'un manque général de conformité dans la division et l'intitulation des parties. Vraisemblablement on doit considérer le *Tripitaka* pâli comme l'un des canons locaux; la langue de ce canon porte, ainsi qu'on l'a vu plus haut, le nom de mâgadhî. Ce terme provient-il du mot qui signifie « chantre » ou du nom de la contrée? C'est ce qu'il est facile de décider. Que les premiers religieux buddhistes aient eu la coutume de chanter la « parole du Buddha », c'est ce dont témoignent les termes de *gâthâ*, *geyâ*, appliqués à un certain genre d'ouvrages buddhiques; il est même remarqué dans le *Prâtimoksha* (1) qu'on abusait de cette coutume : ce n'est pas toute espèce de chant qu'il est permis d'employer pour le *Vinayapitaka*. Mais, malgré cela, les faits suivants nous paraissent beaucoup plus décisifs pour l'explication du terme en question.

Les commencements du Buddhisme se rattachent au Magadha; d'après la tradition, c'est là qu'enseignait Çâkyamuni; c'est de là que sortirent les premiers prédicateurs, de là que les saintes écritures furent transportées à Ceylan. Plus tard, c'est encore dans le Magadha que naquit le commentateur le plus important du canon pâli, Buddhaghosa. Il n'y a aucune raison de douter qu'on ait écrit en pâli dans l'Inde même; c'est pourquoi rien n'autorise à rejeter absolument la tradition qui attribue au pâli le nom de langue du Magadha. Mais le pâli, comme nous l'avons vu, est distinct du dialecte de l'inscription de Bhabra et indubitablement aussi de celui du Magadha; il diffère aussi du mâgadhî des drames et de celui des Djaïnas. Ces deux dernières circonstances s'expliquent par une autre appellation donnée au pâli par les buddhistes. Ils disent que le pâli est « la langue du Buddha et non une langue séculière ». L'origine de cette dénomination est étroitement liée aux destinées du dialecte local du Magadha dans le sein du Samgha, ou communauté religieuse. C'est par les conditions dans lesquelles

(1) P. XLIV, n. 96.

P. XLII. s'est développé le pâli, au milieu du Sa*m*gha, que se comprend ce fait que la grammaire pâlie présente des formes plus anciennes que celles du dialecte des inscriptions orientales, dialecte qui se rapproche le plus du pâli, et que s'expliquent en même temps les différences qui le séparent des autres dialectes du Magadha. Dans la suite des temps, pendant que la doctrine se développait, une littérature orale naquit chez les buddhistes; mais ils ne voulurent point distinguer le nouveau de l'ancien et désignèrent l'un et l'autre par le terme de « parole du Buddha ». Cependant, pour que la vérité ne fût point aussitôt découverte, pour que le nouveau parût ancien, il était de toute nécessité qu'extérieurement il ne s'en distinguât en rien ; et très-certainement, la littérature orale primitive exerça une influence sur les ouvrages postérieurs.

Plusieurs circonstances favorisèrent cette influence; la communauté religieuse ne se composait pas exclusivement d'hommes faits; on y admettait aussi des novices et on pouvait même consacrer des novices depuis l'âge de quatre ans. « Je permets, ô religieux! dit le Buddha dans le *Mahâvagga*, de consacrer un enfant de quatre ans, s'il est en état de chasser les corbeaux » (anujânâmi bhikkhave û*n*apañcavassa*m* dârака*m* kâkucchepaka*m* pabbâjetun'ti). De nouveaux membres pouvaient naître dans la communauté même. On raconte à ce propos la légende suivante : « En ce temps-là une certaine femme enceinte fut consacrée religieuse ; sa grossesse ne se manifesta qu'après sa consécration ; elle se mit à penser : « Que ferai-je de cet enfant? » On soumit le cas au Buddha, et il dit : « Je permets, ô religieux ! d'élever cet « enfant jusqu'à ce qu'il atteigne l'âge de raison », c'est-à-dire, suivant le commentaire, « tant qu'il ne pourra manger « et se baigner lui-même » (*Bhikkhunîvibhañga :* tena kho pana samayena aññatarâ itthî sannisinnagabbhâ bhikkhunîsu pabbajitâ hoti. tassâ pabbajitâya gabbho vu*tt*hâsi. atha kho tassâ bhikkhuniyâ etad ahosi kathan nu kho mayâ imasmi*m* dârake pa*t*ipajjitabban'ti, bhagavato etam attham ârocesu*m*. anujânâmi bhikkhave posetu*m* yâva so dârako viññuta*m* pàpu*n*âtiti. Comm. : yâva khâditu*m* bhuñjitu*m* na-hâyituñ ca attàno dhammatâya sakkotîti attho).

Le culte lui-même, bien qu'il ne fût pas très-compliqué dans la première période du développement du Buddhisme, favorisa aussi cette influence. Lorsque l'on consacrait un nouveau membre, après la cérémonie, une confession générale avait lieu, ou bien on lisait un ouvrage déterminé (*Prâ-* P. XLIII.
timoksha).

Cette lecture était faite régulièrement, à certaines époques fixes et rapprochées ; on lisait aussi à haute voix d'autres ouvrages dans la communauté, et il y avait ce qu'on appelait les « prédicateurs » *dhârmakathikâ*h, *dhârmaçrâvanikâ*h.

Il fallait réciter la loi suivant toutes les règles, et toute erreur de prononciation constituait un péché. Pour parvenir à réciter suivant toutes les règles, il fallait purifier sa prononciation en étudiant les monuments existants. Dans ces conditions, au milieu d'une communauté qui s'était, par la suite des âges, isolée jusqu'à un certain point, — en effet le *Prâtimoksha* (*pâcittiyâ* I, 4) nous apprend qu'il était interdit d'exposer la loi à des profanes, — le dialecte local du Magadha put donner naissance à une langue particulière des saintes écritures, qui serait le pâli. En se fondant sur la littérature grammaticale actuellement connue, on peut supposer aussi que le pâli fut soumis de bonne heure à l'élaboration grammaticale, ce qu'a déjà signalé Burnouf, et qu'il subit l'influence du sanskrit. Nous espérons revenir ailleurs sur cette question.

Pour terminer, nous indiquerons brièvement les points que nous nous sommes efforcé d'éclaircir dans cette introduction, relativement au pâli :

1° Le pâli, comme les dialectes prâkrits, est une forme du langage arien, très-voisine du sanskrit, mais n'en dérivant point ;

2° Le pâli n'est pas un dialecte populaire local du Magadha, mais la langue de la culture buddhique, c'est-à-dire une langue littéraire, formée dans le sein de la communauté des religieux buddhistes.

La source principale de notre esquisse d'une grammaire pâlie est un ouvrage indigène encore inédit et intitulé *Rûpasiddhi*, dont nous préparons en ce moment la publication. En outre, nous avons mis à profit tous les textes publiés qui nous ont été accessibles, quelques manuscrits, et les travaux des Européens, aussi bien ceux qui traitent des questions spéciales de grammaire que les grammaires complètes (Clough, Mason). La littérature pâlie déjà imprimée est si pauvre et si bien connue des spécialistes, qu'il nous a paru superflu de
P. XLIV. citer les noms des éditeurs des textes que nous avons consultés.

Il nous reste à remplir la tâche agréable de témoigner notre vive gratitude à M. l'académicien A. Schiefner, qui nous a rendu les plus grands services pendant l'impression de ce travail.

GRAMMAIRE PALIE

PHONÉTIQUE

I. — Alphabet.

1. Pour écrire le Pâli, on emploie, à Ceylan, à Siam, dans la Birmanie, différents alphabets, exprimant les 41 sons dont voici la transcription en caractères romains :

	CONSONNES								VOYELLES.
	EXPLOSIVES.				CONTINUES.				
	non aspirées.		aspirées.		sifflantes.				
	Fortes.	Douces.	Fortes.	Douces.	Fortes.	Douces.	Nasales.	Linguales.	
Gutturales	k	g	kh	gh		h	*ṅ*		a â } e
Palatales	c	j	ch	jh		y	ñ		i î } e
Cérébrales	*t*	*d* (*l*)	*th*	*dh*			*n* } *m*	r l	o
Dentales	t	d	th	dh	s		n		
Labiales	p	b	ph	bh		v	m		u û

Remarque. — Les grammairiens indigènes classent ces sons d'une P. 2.
autre manière ; ils enseignent, d'accord avec les grammairiens hin-

dous (Cf. Pâṇini, I, 1, 9), que, pour prononcer un son, il faut trois conditions : 1° le *lieu* où il se forme ; 2° l'*organe* qui le produit, et 3° l'*effort* qui préside à sa formation.

Ils énumèrent six *endroits* où peut se produire un son : 1° la *gorge ;* 2° le *palais ;* 3° la *voûte du palais ;* 4° les *dents ;* 5° les *lèvres ;* 6° le *nez.*

Se forment dans la gorge :	k, kh, g, gh, h, *n*, â.
Dans le palais :	c, ch, j, jh, y, i, î.
Sous la voûte du palais :	*t, th, d, dh*, r, *l*.
Contre les dents :	t, th, d, dh, l, s.
Entre les lèvres :	p, ph, b, bh, u, û.

Dans le palais et dans la gorge : e ; entre les lèvres et dans la gorge : o ; par les lèvres et les dents : v ; dans le nez : *m* (le *niggahita* des grammaires pâlies correspond à l'*anusvâra* des grammaires sanskrites). Les nasales *ñ*, ñ, *n*, n, m, se produisent dans la gorge et le nez, dans le palais et le nez, etc. ; en un mot, dans l'endroit où se forment les sons de chacune des classes auxquelles appartiennent respectivement les nasales, et dans le nez. Le son h est de deux sortes : 1° isolé, il se produit dans la gorge ; 2° joint aux semi-voyelles y, r, l, v, et aux nasales, il est dit formé dans la poitrine (orasa = aurasa) :

hakâra*m* pañcameh' eva	hakâra*m* pañcamair yukta*m*
anta*tt*hehi ca sa*m*yuta*m* |	anta*h*sthaiç câpi sa*m*yuta*m* |
orasan' ti vadant' ettha	aurasa*m* ta*m* vijâniyât
ka*nt*hajam tad asa*m*yuta*m* ||	ka*nt*hyam âhur asa*m*yuta*m* (1) ||

Les *organes* sont : le *milieu de la langue,* qui produit les palatales ; la *partie antérieure de la langue,* qui produit les cérébrales ; l'*extrémité de la langue,* qui produit les dentales. Pour les autres classes, l'organe se confond avec le lieu de formation.

Les *efforts* nécessaires à la production d'un son diffèrent aussi entre eux : 1° a se prononce en fermant la gorge (sa*m*vuta*m* = sskr. sa*m*vrta*m*) ; 2° les autres voyelles, s et h se prononcent en ouvrant la gorge (viva-
P. 3. *tam* = sskr. vivrta*m*) ; 3° les consonnes des cinq classes, en rapprochant l'organe de l'endroit où se forme chaque son (phu*tt*ha*m* = sskr. sprsh*tam*) ; 4° y, v, l, r, en rapprochant légèrement l'organe de l'endroit (îsuphu*tt*ha*m* = sskr. îshatsprsh*tam* (2).

Toutes les grammaires ne sont pas d'accord sur le nombre des en-

(1) Ces vers sont tirés de la *Rûpasiddhi ;* Cf. le texte sanskrit dans les *Indische Studien*, IV, 350.

(2) *Rûpasiddhi*, I, 1, 2.

droits où se forment les sons; la *Mukhamattadipani* (1) en compte cinq : la gorge, le palais, la voûte du palais, les dents et les lèvres; la *Nirutti* (2) y ajoute la poitrine (ura = sskr. uras) et la racine de la langue (jivhâmûla).

2. *l* n'est qu'une modification du *d*. Kaccâyana le remplace toujours par l.

*la*kâram pana *d*akâravikâram katvâ saddasatthavidû pa*t*hanti... suttakâro pan' assa *t*hâne lakâram eva pa*t*hati (3).

3. Les consonnes se divisent (A) 1° en sourdes ou fortes (aghosâ), et 2° en sonores ou douces (ghosâ); les premières sont k, kh, c, ch, *t*, *t*h, t, th, p, ph, s. Les sonores ou douces sont toutes les autres lettres des cinq classes, y, r, l, v, h et *l*. (B) 1° En aspirées (dhanitâ) : deuxième et quatrième de chaque classe (dans le tableau de la *Remarque*, p. 48), et 2° en non-aspirées : première et troisième de chaque classe.

4. Les huit voyelles se divisent en brèves et en longues. Les brèves sont : a, i, u; les longues sont les cinq autres : â, î, û, e, o.

5. Quelquefois e et o se prononcent comme des brèves : c'est lorsque ces voyelles se trouvent devant deux consonnes, par exemple, dans les mots ettha (atra), ici, seyyo (çreyas), meilleur.

6. Devant un groupe de consonnes, les brèves et les longues prennent le nom de pesantes (guru).

Remarque. — Le *niggahita* produit sur les voyelles la même influence qu'exerce sur elles un groupe de consonnes. Ainsi, nous lisons dans la *Moggallâyanavutti*, folio kâ, verso : bindu niggahîta*m*.

yv âya*m* va*nn*o bindumatto so niggahîtasañño hoti. tena kv attho niggahîtam icc P. 4.
âdigurusaññâkara*n*a*m*, etc.

II. — Phonétique comparative.

7. Les sons d'une langue peuvent être étudiés à deux points de vue : 1° au point de vue *historique*, en se proposant de montrer les transformations d'un son dans les langues congénères : c'est l'objet de la phonétique comparative — dans cet ouvrage, les sons du Pâli seront comparés avec ceux du Sanskrit, qui en est la langue la plus voisine et dont la phonétique présente l'état le plus archaïque des

(1) Ms. de l'India Office Library, I, 1, 2.
(2) Cet ouvrage est cité dans le *Kaccâyanavannanâ*, I, 1, 2 (Ms. de la Bibl. nat. de Paris).
(3) *Mukhamattadipani*, folio kr, verso; Cf. *Siddhantakaumudi*, II, 512.

sons — 2° au point de vue *grammatico-physiologique*, c'est-à-dire en étudiant la physiologie des sons (ce qui a été fait brièvement dans les premiers paragraphes) et leurs modifications, tant externes (rencontre des mots dans le discours) qu'internes (jonction de la racine et des thèmes avec les suffixes, les autres thèmes ou les flexions).

VOYELLES.

8. Le Pâli ne possède pas les voyelles suivantes du Sanskrit : *r*, *ṛi*, *lr*, *lri*, ai, au. Les huit autres voyelles a, â, i, î, u, û, e, o, ont subi, par rapport aux voyelles du Sanskrit, beaucoup moins de changements que les consonnes.

9. La voyelle a correspond, dans la plupart des cas, à l'a sanskrit. Quelquefois, elle remplace un â sanskrit, devant deux consonnes ou devant le *niggahita*; par exemple, dans les mots tels que patta (pâtra), tasse, magga (mârga), chemin ; à l'accusatif singulier des thèmes fémi-
P. 5 nins en â : kaññaṃ (kanyâṃ), acc. sing. de kaññâ (kanyâ), jeune fille ; au génitif pluriel des thèmes masculins en a : purisânaṃ (purushâṇâṃ), gén. pl. de purisa (purusha), homme.

10. a correspond, d'autres fois, aux voyelles sskr. i, u, *r*, par exemple, dans paṭhavî (pṛthivî), terre, kibbisa (kilvisha), péché, puna (punar), de nouveau, satimâ (smṛtimat), qui se souvient, amata (amṛta), immortel, kata (kṛta), fait, daḷha (dṛḍha), solide, kasi (kṛshi), labourage.

11. La longue â correspond au sskr. a, à la fin des mots, après la chute d'une consonne, par exemple, dans brahâ (bṛhat), grand, punâ (pour punad = sskr. punar), de nouveau) dans cette phrase : na hi dâni punâ atthi mama tuyhañ ca saṃgâmo : Il n'y a plus maintenant d'entrevue pour nous deux. (*Sulasâjâtakaṃ*, folio phaḥ, recto.)

12. Quelquefois i remplace l'î sskr. devant un groupe de consonnes ou devant le *niggahita*, par exemple, dans les mots tittha (tîrtha), endroit où l'on se baigne, kitti (kîrti), gloire, et à l'acc. sing. des thèmes en î.

13. En outre, i = sskr. a, u, *r*, e, ai ; ex. : piṭṭhito (pṛshṭhatas), par derrière, saddhiṃ (sârddhaṃ), ensemble, purisa (purusha), homme, isi (ṛshi), sage, dissati (dṛçyati), il voit, kiccha (kṛcchra), besoin, tâlavaṇṭaka (tâlavṛntaka), éventail, pâtivissaka (prâtiveçyaka), voisin, issariya (aiçvarya), domination. Parfois, il résulte de la vocalisation de la semi-voyelle y, par exemple, dans nigrodha (nyagrodha).

14. î = sskr. i, après la chute d'une consonne ; ex. : nîyanti (de yâ + nir), 3e pers. du pl. du pr., ils s'en vont ; î = sskr. ai ; ex. : thîna (staina), larcin.

15. La voyelle u correspond au sskr. u et à û devant deux consonnes, par ex. : sutta (sûtra), parole sacrée, ou devant le *niggahita* ; en outre, u = sskr. a, i, *r*, o, au ; par ex. : puthujjano (pṛthag + jana), ignorant, susâna (çmaçâna), cimetière, usu (ishu), flèche, susu (çiçu), enfant, itv eva (iti + eva), ainsi, musâvâda (mṛshâvâda), mensonge, puṭṭha (pṛshṭa), demandé, uju (ṛju), droit, usabha (ṛshabha), buffle, aggihuttaṁ (agnihotra), sacrifice, juṇhâ (jyotsnâ), clair de lune, manuññaṁ (manojñam), beau, ex.: rudaṁ manuññaṁ rucirâ ca piṭṭhi, chantant très-bien et ayant un dos bigarré (*Jât.* I, 4, 2); comm.: manuññaṁ = manâpaṁ ; la *Rûpasiddhi* cite (44) I, 5,8, un manu 'ññaṁ = mano aññaṁ; ussukka (autsukya), violent désir. En Pâli, u peut provenir de la vocalisation de v, par ex. : turita (tvarita) du sskr. tvar, se hâter, na supâmi divârattiṁ (*Jât.* XVII, 1, 2), je ne dors ni le jour, ni la nuit (sskr. svap, svapîmi).

DIPHTHONGUES. P. 6.

16. Des diphthongues sanskrites, deux seulement se sont conservées en Pâli : e et o, et elles sont quelquefois brèves (Cf. § 5); elles correspondent presque toujours aux diphthongues sskr. e, ai, o, au, mais en outre e = sskr. a et î; par ex. : ettha (atra), ici, pure (puras), avant, heṭṭhâ (adhastât), en dessous, gahetvâ (gṛhîtvâ), ayant pris, netvâ (nîtvâ), ayant conduit.

17. Quelquefois, en Pâli, e résulte de y vocalisé en i et combiné avec un a précédent ou suivant, par ex. : macchera (mâtsarya), envie, égoïsme, acchera (âçcarya), miracle, katheti (kathayati), il raconte, vañcesi (vañcayasi), tu trompes. D'autres fois, e provient de a + i, par la chute d'un v intermédiaire ; par ex. : thera (sthavira), vieux moine ayant embrassé depuis plusieurs années la vie monastique et se distinguant par sa sainteté.

18. De même que e, la diphthongue o peut être brève et longue ; elle correspond au sskr. o, au, et as final, et de plus remplace un u sskr.; par ex. : porisa, posa (purusha), homme, oṭṭha (ushṭra), chameau, sovaṇṇamaya (suvarṇamaya), d'or, tanotha (tanutha), vous étendez.

19. Quelquefois, en Pâli, o provient de v vocalisé en u et combiné avec un a précédent ou suivant; par ex. : loṇa (lavaṇa), sel, osâna (avasâna), fin, okkhitta (kship + ava), abaissé, orûyha (ruh + ava), étant descendu, sotthi (svasti), bien-être, juhonti (ou juhvanti = sskr. juhvati), ils offrent un sacrifice, tanonti (tanvanti), ils étendent; quelquefois encore o provient de a + u, par la chute d'un y intermédiaire ; par ex. : mora (mayûra), paon.

20. La voyelle sanskrite *r* est quelquefois représentée en Pâli par r suivi de a, i ou u ; par ex. : brahâ (bṛhat), grand, iru (ṛg), vers, rukkha (vṛksha), arbre.

CONSONNES.

21. La comparaison des consonnes en Pâli et en Sanskrit montre
P. 7. que, dans la grande généralité des cas, le Pâli évite la rencontre de deux consonnes d'organe différent et a recours à l'*assimilation*, à l'*omission* et à l'*insertion de voyelles*.

22. Lorsque deux consonnes se rencontrent au milieu d'un mot, celle qui précède s'assimile à la suivante, pourvu que cette dernière ne soit ni une *nasale*, ni une *semi-voyelle*, ni une *sifflante*; dans ce dernier cas, on observe diverses modifications : la semi-voyelle peut s'assimiler à la consonne précédente, ou tomber, ou transformer la consonne en une consonne d'un autre organe.

23. Les *gutturales* correspondent presque toujours à celles du Sanskrit. La sourde aspirée de cette classe (kh) est souvent due à la présence d'une sifflante ou d'un r en Sanskrit. Il est probable qu'avant de disparaître, la sifflante a subi dans quelques cas la métathèse : c'est ce qui a lieu dans le Mâgadhî des drames (*Hemacandra*, IV, 298); par exemple, le mot sanskrit prekshate, il regarde, prend, dans ce dialecte, la forme peskadi; en Pâli, la sifflante est tombée et a laissé une trace dans l'aspiration de la gutturale : pekkhati. Le redoublement de la consonne n'existait pas encore sur les inscriptions de Piyadasi; il est dû vraisemblablement à l'élaboration grammaticale du Pâli, et on peut le considérer comme relativement récent : très-souvent il n'a pas lieu dans les vers; ex. (*Jât.* XV, 1, 1) : ki*m* kamma*m* akari pubbe pâpa*m* attadukhâvaha*m*, qui a commis le premier cette mauvaise action qui retombe sur son auteur? (*Jât.* XVI, 1, 1) : itthîna*m* purisânañ ca mâ te âsi dukhudayo. C'est également par la chute de la sifflante que s'est produite la sourde aspirée dans yakkha (yaksha), espèce de démon, khippa (kshipra), rapide, bhikkhu (bhikshu), mendiant, cakkhu (cakshus), œil, et dans beaucoup d'autres mots.

24. Sous l'influence de r, l'aspirée kh s'est produite dans des mots tels que khi*dd*a (qu'on rencontre pourtant sous la forme kî*l*a = sskr. krî*d*a), jeu, purakkhata (puraskṛta), marchant en tête, nikkhamma ou nikkhamitvâ (nishkramya, de kram + nis), étant sorti. Cependant, pour ces deux derniers exemples, on peut attribuer l'aspiration à l'influence de la sifflante, car la racine kram, jointe à d'autres préfixes, ne présente point l'aspirée : pakkama (prakrama), pas, pa*t*ikkama (pratikrama), ordre inverse, etc. Quelquefois la sifflante s'assimile à la consonne suivante, comme dans les mots dukkara (dushkara), difficile à faire, namakkâra (namaskâra), hommage, et dans ce cas l'aspiration n'a pas lieu.

P. 8. **25.** La nasale s'assimile à la gutturale qui la précède; par ex.:

sakkoti, 3e p. sing. du prés. de sak, pouvoir, (çaknoti), lagga (lagna), adhérent, aggi (agni), feu, nagga (nagna), nu, etc.

26. Les semi-voyelles y, r, l, v, s'assimilent à la gutturale précédente ou suivante ; ex. : sakkâ (çakya), akkhâta (âkhyâta), sakko (çakra), makkata (markata), singe, vakkala (valkala), écorce d'arbre, sobhagga (saubhagya), bonheur, agga (agra), sommet, sagga (svarga), ciel, vaggu (valgu), beau, aggha (argha), sacrifice, etc. Quelquefois la semi-voyelle subsiste ; ex.: sakyaputtiko (çâkyaputra) ou sakiya (çâkya), de la race des Çâkyas, sañkhyâ (sañkhyâ), nombre, arogya (arogya), santé, nigrodha (nyagrodha), atha 'bravî brahâ indo vatrabhû... alors, le grand Indra, le vainqueur de Vrtra, dit (*Jât.* XVI, 1, 3), atha kena nu vannena utrase so migo mamam, comment cette gazelle a-t-elle pu me troubler? kv attho (ko = kah + attho = arthah), etc. Les nasales subsistent devant les gutturales, ou se changent en *niggahita* ; ex. : pallañka (paryañka), añga (añga), etc.

27. Les *palatales* du Pâli correspondent à celles du Sanskrit ou proviennent des dentales, sous l'influence d'un y suivant; par exemple, c = t dans âdicca (âditya), soleil, paccaya (pratyaya), cause; ch = th dans micchâ (mithyâ), faussement; j = d dans avijjâ (avidyâ), ignorance, jotamâna (dyotamâna), brillant; jh = dh dans jhâna (dhyâna), contemplation, jhâma (dhyâma), noir; ñ = n dans añña (anya), autre, kaññâ (kanyâ), jeune fille; ñ = *n* dans puñña (punya), pureté, hirañña (hiranya), or.

28. Les palatales proviennent aussi des gutturales, sous l'influence des sifflantes; ex. : kucchi (kukshi), ventre, tacchaka (takshaka), charpentier; c'est encore à la sifflante qu'est due ici l'aspiration. Les palatales se forment aussi des dentales, lorsque celles-ci ont une sifflante après elles ; ex. : macchari (matsarin), envieux, vicikicchâ (vicikitsâ), doute.

29. Dans quelques cas, les palatales proviennent de sifflantes; ex. : accharâ (apsaras), chattha (shashta), sixième. La sifflante produit une aspiration dans la palate sourde (ch pour c); ex. : pacchâ (paççât), ensuite, acchera (âççarya), etc. La sifflante peut s'assimiler à une palatale suivante ; ex. : duccarita (duççarita), qui agit mal, niccala (niççala), immobile, ducchanna (duççhanna), mal couvert. L'aspirée ch peut correspondre à ç; ex. : chakana (çakrt), excrément : tattha nam râjâ mâtupacchato gacchantim hatthicchakanapindena pitthiyam pahari (*Jât.* XIX, 1, 1) : alors, le roi la frappa d'un morceau d'excréments d'éléphant, pendant qu'elle suivait sa mère.

30. Les autres consonnes, dans leur rencontre avec les palatales, suivent la règle générale. Les semi-voyelles s'assimilent à la palatale précédente : paccati (pacyate), il mûrit, muccati (mucyate), il est délivré, bhesajja (bhaishajya), médecine. P. 9.

31. Les *cérébrales* correspondent souvent, en Pâli, à des dentales sanskrites et subissent cette transformation sous l'influence des sons r, r, s, précédant la dentale; ex. : pa*t*i (prati), contre, pa*t*hama (prathama), premier, tâlava*nt*aka (tâlavrntaka), éventail, *th*âpita (sthâpita), posé, a*tt*a ou attha (artha), sens.

32. Sous l'influence d'une sifflante, le *t* sanskrit s'aspire en Pâli; ex. : tu*tt*ha (tush*t*a), réjoui, a*tt*ha (ash*t*au), huit, du*tt*ha (dush*t*a), gâté. Exc. le*dd*u (lesh*t*u), motte de terre.

33. La douce aspirée de cette classe (*d*h) correspond au Sanskrit d, dh, et se développe sous l'influence d'un r précédent; ex. : anuka*dd*hana (sskr. kard + anu), va*dd*hate (vardhate), il croît. La lettre *l* n'est qu'une modification du *d* et correspond au sskr. *d*, d, y; ex. : cha*l*-abhiññâ (sha*d* + abhijñâ), cha*l*-âyatanam (sha*d* + âyatanam), u*l*âra (udâra), noble, tâ*l*âka (tâ*d*âga), étang, vu*l*hati ou vuyhati (uhyate): *l*h = sskr. *d*h, par exemple dans les mots da*l*ha (d*r*dha), fort, virû*l*haka (virû*d*haka), nom propre, gû*l*ha (gû*d*ha), caché.

34. Quelquefois on rencontre *n* à la place de ñ (palatal) dans les dérivés de jñâ + â; ex.: â*n*âpesi, il a ordonné, et très souvent dans les manuscrits, à la place de n (dental). Les grammaires ne donnent aucune règle pour ce dernier changement.

35. *Dentales.* La dentale sourde t correspond quelquefois à la sonore sanskrite de la même classe; ex.: kusita (kusîda), pâtubhavanti (prâdurbhavanti), yasmât iha (yasmâd iha), tasmât iha (tasmâd iha). Dans ces deux derniers cas les grammairiens considèrent le t comme une lettre euphonique destinée à éviter un hiatus. Quelquefois t = sskr. c; ex. : tikicchaka (cikitsaka), médecin. Enfin t = th, par exemple dans katikâ (kath + ikâ, voy. Childers, *s. v.*) : ambhâkam katikâvattam bhinditvâ kasmâ akâle âgatâ 'ti (*Jât.*, folio *pa. nau.*, r°).

36. La sourde aspirée de cette classe (th) correspond quelquefois à la sourde non-aspirée sanskrite, et s'est développée sous l'influence d'un r ou d'une sifflante; ex.: tattha (tatra), là, yattha (yatra), où [après la dentale, le r peut aussi s'assimiler sans produire d'aspiration; ex. : mitta (mitra), ami, putta (putra), fils, matta (mâtra), mesure], sotthi (svasti), bien-
P. 10. être, thananti (stananti), ils font du bruit, hattha (hasta), main, thiyo (nom. plur. de thî, ordinairement itthî = sskr. strî), dans le *Jâtaka* VIII, 1, 6 :

> thiyo tassa pajâyanti na pumâ jâyare kule |
> yo jânam pucchito panham aññathâ nam viyâkare ||

« Il ne naît que des femmes, et non des hommes, dans la famille de celui qui répond sciemment à une demande par un mensonge. »

37. La sonore non-aspirée d correspond parfois au sskr. j : ex. : daddallamâna (jâjvalyamâna), brillant (Cf. Fausböll, *Dasarathajâtaka*, p. 29), dosinâ (jyotsnâ, Cf. Weber, *Bhagavati*, I, 413) : ramaniyâ vata bho dosinâ ratti (*Jât.* XXI, 1, 7) : qu'une nuit claire est agréable! ou au sskr. dh, ex. : ida (idha), ici, ou au sskr. t; ex.: dandha (tandra) : kâlamigo 'pi attano dandhatâya imâya nâma velâya gantabbam imâya na gantabban 'ti ajânanto (*Jât.* I, 2, 1), mutiṅga (mṛdaṅga), tambour, vidatthi (vitasti), coude. — La nasale dentale remplace quelquefois l; ex.: naṅgala (laṅgala), charrue.

38. Lorsque la semi-voyelle y se trouve placée immédiatement après une dentale, elle la transforme en palatale (Cf. § 27) ou, suivant la règle générale, se l'assimile; ex. : uyyâna (udyâna), jardin, uyyoga (udyoga), travail. La nasale s'assimile à la dentale qui la précède; ex. : attâ (âtman), âme.

39. *Labiales*. Quelquefois la sourde aspirée de cette classe correspond à la sourde non-aspirée du Sanskrit; ex. : pharasu (paraçu), hache, phalita, mais aussi palita (palita), gris, phussaratha (pushyaratha), char de fête. Dans certains mots, l'aspiration s'explique facilement par la chute d'une sifflante; ex. : phassa (sparça), toucher.

40. La sonore non-aspirée de cette classe b = sskr. v; ex. : pabbajjâ (pravrajyâ), consécration, giribbaja (giri + vraja), nom d'une montagne, dibbâmi (dîvyâmi), je joue, kâbya (kâvya), poëme. La sonore aspirée bh correspond au sskr. v; ex.: bhîsa (vîsa); dans quelques cas rares, elle correspond au sskr. h; ex. : mittadûbhî (mitradruh), envieux (Cf. Fausböll, *Dasarathajâtaka*, p. 23). Quelquefois, la nasale de cette classe=sskr. y; ex. : sâmam ou sayam (svayam), soi-même. La longue, dans le premier mot, s'explique par la chute de la semi-voyelle.

41. *Semi-voyelles* : y, r, l, v. En Pâli, y correspond ordinairement au sskr. y, et dans quelques cas rares, à la palatale sonore j; ex.: niya ou nija (nija), propre; y = d dans khâyita (khâdita), mangé. — r = sskr. r, après les préfixes ni (nis), du (dus), dans les mots catu (catur), pâtu (prâdur), puna (punar), pâta (prâtar), et dans beaucoup d'autres mots, devant une voyelle; ex. : nirantaram (nirantaram), sans intervalle, durâgatam (durâgatam), punar eva (punar eva), de nouveau, etc. En outre, r = sskr. g, *t*, d, n; ex. : dhir astu (dhig astu), exclamation de désespoir, makkara (marka*ṭa*), singe, ekârasa ou ekâdasa (ekâdaça), onze; dans le mot jîvar = jîvan (jîvan), le r remplace le n (Cf. *Jâtaka* VIII, 1, 7) : yo indriyânam kâmena vasam nârada gacchati so pariccajj' ubho loke jîvar eva visussati : Quiconque, ô Narada! obéit de son plein gré à ses désirs, séchera tout vivant après avoir quitté les deux mondes; tassa dajjam imam selam jalantar iva tejasâ (*Jât.* XXI, 1, 6) : je lui donnerai cette pierre, qui par son éclat semble flamboyer; vijju mahâmeghar ivânupajjatha (*Jât.* XX, 1, 3) : comme un éclair, elle s'enfonça dans un grand nuage. Enfin, r = sskr. l; ex. : picura (picula), tamarix indica. — l peut correspondre au sskr. r; ex. : pallaṅka (paryaṅka), antalikkha (antariksha), cattâlîsam (catvârimçat), quarante. Il peut aussi correspondre au sskr. d; ex.: bubbulaka (budbuda), bulle; dans les mots alla (ârdra), mouillé, culla (kshudra), petit, l remplace sskr. r. — La semi-voyelle v, outre les cas où elle répond au sskr. v, remplace le P. 11.

sskr. p, b, m et y : ex. : godâvarîtîre tiyojanikam kavitthavanam (sskr. kapittha°) sandhâya pâyâsi (*Jât.* XVI, 1, 2) : il partit, se proposant de se rendre dans le bois des Kavittha (nom d'arbre, *Feronia elephantum*); vihemi (pour bhâyâmi) v 'etam âsâdum (*Jât.* XVI, 1, 3) : j'ai peur de m'approcher de lui; vîmamsamâna (mîmâmsamâna), tâvatimsabhavana (trayastrimçad°), demeure des trente-trois dieux, kâsâva (kâshâya), âvusa (âyushmat).

42. A l'intérieur d'un mot, dans les groupes hy, hv, il y a métathèse de la semi-voyelle; ex. : guyha (guhya), bavhâbâdho (bahu+âbâdha), gadrabha (gardabha). Lorsque deux semi-voyelles se rencontrent, il y a encore métathèse; ex. : kayirati (krîyate), il est fait.

43. *Sifflantes*. En Pâli, il ne s'est conservé qu'une seule sifflante, la dentale s, qui correspond étymologiquement au sskr. ç, sh, s. Le h pâli correspond au sskr. h, ou provient des aspirées bh, dh; ex. : hi, désinence de l'instrumental plur. (bhis), pahûta (prabhûta), paggalha (prâgalbha), brave, sâdhu ou sâhu (sâdhu), bon, hetthâ (adhastât), en bas (dans ce mot, l'a initial est tombé). h remplace encore le sskr. kh : ex. : tayo 'pi suhitâ ahesum (*Jât.* XX, 1, 4) : tous trois furent contents (sukhitâ).

44. Les sifflantes sskr. ç, sh, s, deviennent très-souvent h en Pâli; ex. : panha (praçna), demande, amhamaya (açmamaya), de pierre, tanhâ (trshnâ), soif, kanha (krshna), noir, unha (ushna) chaud, nahâna ou nhâna — telle est la forme de ce mot dans les mss. siamois et birmans — (snâna), bain, nahâpita (nâpita, de snâpitar, Cf. Weber, *Beitr. z. vgl. Spr.*, I, 505), barbier. On trouve aussi h = sskr. y ; ex. : nahuta (nayuta), cent billions. Dans les groupes formés par h avec une nasale, il y a métathèse : on en a vu des exemples ci-dessus.

P. 12. **45**. Le *niggahîta*, en Pâli, à la fin ou au milieu des mots, correspond quelquefois au sskr. r ; ex. : cakkhum udapâdi (cakshur + udapâi), l'œil s'est manifesté, ukkamsa (utkarsha), hauteur, etc.

46. Pour éviter les groupes de deux consonnes ou plus, le Pâli a recours, outre l'assimilation ou l'omission d'une consonne, à l'intercalation d'une voyelle a, i ou u ; ex. : ratana (ratna), pierre précieuse, rahada (hrada), lac, arahati (arhati), il est digne, hiri (hrî), honte, sineha (sneha), amour, kilittha (klishta), tourmenté, sukhuma (sûkshma), petit, etc.

III. — Rencontre des voyelles.

47. La rencontre de deux voyelles de même organe donne naissance à une longue, aussi bien au milieu d'un mot composé que dans une phrase, lorsqu'un mot, terminé par une voyelle, est suivi par un autre mot qui commence par la même voyelle; ex. : buddhânusati (buddha + anusmrti), souvenir du Buddha, yânîdha bhûtâni, les êtres qui se trouvent ici.

48. a (â) + i (î) forment la diphthongue e; a (â) + u (û) forment la diphthongue o; ex. : upeto (upa + ita = sskr. upeta), muni, yathodake (yathâ + udake), comme dans l'eau.

49. Une voyelle finale peut tomber devant une voyelle initiale; ex. : lokaggapuggalo (loka + aggapuggalo), l'être le plus élevé du monde, yass' indriyâni samatham gatâni, celui dont les sens sont apaisés, tîn' imâni, ces trois, samet' âyasmâ (sametu + âyasmâ), que le révérend consente, dhanam m'atthi (me + atthi), j'ai des richesses, asant' ettha na dissati (asanto + ettha), on ne voit ici aucun être dénué d'existence.

50. La voyelle peut rester sans changement devant une autre voyelle de même organe ou non, comme dans ces exemples : yassa idâni, pour qui maintenant? châyâ iva, comme une ombre, etc. En général, l'hiatus est toléré dans les cas suivants : 1° pour la désinence du vocatif, sauf devant iti; ex. : katamâ ânanda aniccasaññâ, quelle représentation de la périssabilité, ô Ananda?

pucchâmi tam Kassapa etam attham |
katham pahînam tava aggihuttam ||
prcchâmi te Kâçyapa etam artham |
katham prahînam tava agnihotram || P. 13.

« Je te demande, ô Kâçyapa, comment a disparu ton sacrifice. » (1)

Quelquefois, même dans ce cas, pour les exigences du mètre, les voyelles peuvent suivre les règles du *sandhi*. 2° Une longue ne subit aucune modification devant une voyelle initiale, si les deux mots ne forment pas un mot composé; ex. : âyasmâ ânando gâtham abhâsi, le révérend Ananda a prononcé un vers, bhûtavâdî atthavadî'yam itthî, cette femme dit vrai et juste.

yo dhiro sabbadhidanto	yo vîro dhrtisampanno
suddho appatipuggalo |	dhyayî apratipudgalo |
araham sugato loke	arham sugato loke
tassâham paricârako ||	tasyâham paricârako ||

« Je suis le serviteur de celui qui est fort et qui a vaincu tous les tourments, qui est pur et n'a point son pareil, qui est honoré au monde, et dont la venue au monde est désirée. »

3° A la fin des particules, la voyelle ne subit aucun changement; ex. : are aham 'pi, oh! moi aussi..., atha kho âyasmâ..., et alors le révérend.... 4° Devant un mot commençant par a, ou un des mots iti, iva,

(1) Le texte pâli est tiré du *Mahâvagga*, le texte sanskrit du *Mahâvastu*.

eva, ettha, etc., la voyelle finale du mot précédent suit les règles du *sandhi*; ex. : âgat' attha (âgato + attha), il est venu ici, itthiti (itthî + iti), sv eva (so + eva), n'ettha (na + ettha) tam, cela n'est pas ici, etc. 5° Devant les verbes, i et u peuvent demeurer sans changement; ex. : gàthâhi ajjhabhâsi, il répondit par ces vers, satthu adâsi, il donna au maître.

51. Lorsque deux voyelles se rencontrent, la seconde peut tomber; ex. : yassa 'dâni (au lieu de idâni, maintenant), pour qui maintenant, assamaṇî 'si (pour asi), tu n'es pas une *sramanî*, akataññû 'si (pour asi), tu n'es pas reconnaissant.

52. La voyelle qui demeure peut être allongée, qu'elle soit initiale ou finale; ex. : appassut' âyam (pour ayam), cet ignorant, lokassâ 'ti, pour le monde, vijjû 'va (pour iva), comme l'éclair.

P. 14. **53.** *Transformation des voyelles en semi-voyelles*. La voyelle i devient y devant les autres voyelles; ex. : vyâkato (vyâkṛto), ouvert, expliqué. Il en est de même, en Pâli, du e devant la voyelle a dans les mots te, me, ye, etc. On sait qu'en Sskr. e se développe en ay devant les voyelles; or, en Pâli, lorsque cette diphthongue se transforme en y, la voyelle suivante a s'allonge, comme dans my âyam (me + ayam), ty âham (te + aham), yy âssa (ye + assa); on peut donc expliquer l'allongement par la rencontre de deux a, en supposant une métathèse de ay en ya.

54. Pour éviter l'hiatus, on insère un y entre i (î) et une voyelle suivante, et cette voyelle peut même s'allonger; ex. : aggiyâgâre (aggi + agâre), dans l'habitation du feu, sattamiyatthe (sattamî + atthe), dans le sens du septième cas (locatif).

55. La voyelle u devient v lorsqu'elle se trouve devant une voyelle autre que u; ex. : anvaddhamâsam, dans un demi-mois, anveti, il suit, svâgatam, bienvenue. On peut encore, afin d'éviter l'hiatus, intercaler un v entre le u et la voyelle suivante; ex. : duvañgikam, qui a deux membres, bhikkhuvâsane, à l'endroit d'un religieux.

56. La diphthongue o devient av, comme en Sskr., dans le mot go, vache; ex. : gavelakam, vaches et brebis. Le a de av peut tomber, par exemple dans les mots ko (kaḥ), qui? kho (khalu), vraiment, yo (yaḥ), celui qui, so (saḥ), celui-ci, et dans les mots terminés par to (tas), lorsqu'ils sont suivis par un mot dont la première lettre est une voyelle; ex. : kv attho, quel sens? Cet a peut aussi devenir u; ex. : kuv idha pâpena lippati (*Jât.* XVII, 1. 3).

57. Le Pâli admet très-fréquemment l'hiatus; mais quelquefois, pour l'éviter, il a recours à l'insertion d'une lettre. On insère 1° un y au milieu du mot, après vi, pari, etc.; ex. : viyañjana, consonne; à la fin du mot; ex. : yathâ yidam, comme ceci, nay idam, point ainsi; après une consonne; ex. : tam yidam; 2° on insère un v entre ti, trois, et les mots commençant par a ou u; ex. : tivañgulam, trois doigts; et aussi dans pavuccati, il s'énonce; 3° un m; ex. : lahum essati, idham âhu; 4° un d,

après les mots sammâ, puna, bahu, manasâ (instrumental de mano = manas), etc.; ex. : sammâd attho, punad eva, bahud eva; 5° un t, dans la formule ajjat agge, à partir de maintenant; 6° un n, devant le mot âyati, avenir; ex. : ito nâyati; 7° un r, devant les mots iva, eva; ex. : nakkhattarâjâr iva, P. 15.
comme le roi des constellations; dans les mots yathâ et tathâ, l'â long final s'abrége; ex. : tathar iva, yathar iva.

IV. — Niggahîta.

58. Le *niggahîta* (*m*), lorsqu'il rencontre une consonne, reste sans changement ou se transforme en la nasale de la classe à laquelle appartient la consonne; ex. : tam karoti ou tañ karoti, il fait cela, dhammañ care ou dhammam care, qu'il agisse suivant la loi, etc.

59. Dans les mots sam, avec, pum, homme, le *niggahita* (*m*) s'assimile à un l suivant; ex. : sallâpo, conversation, pulliñgo, genre masculin.

60. Devant la voyelle e, devant h et les mots commençant par y (dans ce cas, le y s'assimile), le *niggahita* (*m*) peut se transformer en la nasale palatale (ñ); ex. : tañ ñeva ou evam etam, evañ hi vo ou evam hoti, saññogo (samyogo), liaison, yañ ñad eva (yam yad eva).

61. Devant les voyelles, le *niggahita* (*m*) devient m; ex. : tam aham brûmi, je dis cela, ou tam aham brûmi. Dans le mot sammato, honoré, le m ne subit jamais de changement, et dans quelques cas, le m reste devant des consonnes; ex. : buddham saranam gacchâmi, je me réfugie auprès du Buddha (1).

62. Quelquefois, le *niggahita* est supprimé pour les exigences du mètre ou pour faciliter la prononciation; ex.: 1° devant les voyelles, tâs' aham (tâsam aham); 2° devant les consonnes, ariyasaccâna (pour ariyasaccânam) dassanam etam buddhâna (buddhânam) sâsanam, l'énonciation des saintes vérités est l'enseignement du Buddha. Après la chute du *niggahita*, la voyelle s'allonge; ex. : sâratto (pour samratto, sskr. samrakta), excité, sârago (pour samrago, sskr. samraga), colère.

63. Une voyelle suivant immédiatement le *niggahita* peut tomber, surtout dans les mots iti, iva, idâni, asi, api, etc. Dans ce cas, le *niggahita* se transforme en la nasale de la classe à laquelle appartient la consonne qui le suit; ex. : kin' ti (pour kim iti), idam'pi (idam api). Si, au lieu d'une consonne, il y a un groupe de consonnes, la première partie en est supprimée; ex.: evam sa (evam assa). P. 16.

64. Quelquefois, on ajoute un *niggahita* devant une voyelle ou une consonne, pour faciliter la prononciation; ex.: cakkhum udapâdi, l'œi

(1) *Rûpasiddhi* (53) I, 4, 5.

s'est manifesté (Cf. § 45), yâvam (yâva, sskr. yâvat) ca idha bhikkhave, et tant qu'ici, ô religieux !...

V. — Rencontre des voyelles et des consonnes.

65. Dans leur rencontre avec les consonnes, les voyelles 1° demeurent sans changement, 2° s'allongent, 3° s'abrégent; ex. : 1° bhâsati vâ karoti vâ, il parle ou agit, 2° kâmato jâyatî (pour jâyati) soko, le chagrin est engendré par la passion, 3° bhovâdi (pour bhovâdî) nâma so hoti, yatha yidam (pour yathâ idam) parâkkamo ou parakkamo. Le choix dans l'allongement ou l'abréviation des voyelles dépend du mètre; une voyelle s'abrége lorsqu'il y a insertion ou redoublement d'une consonne.

66. A l'intérieur d'un mot, devant les suffixes hi (bhi, instrum. plur.) et su (locat. plur.), les voyelles thématiques i et u peuvent être allongées; ex. : aggibhi ou aggîbhi, aggisu ou aggîsu. Dans la conjugaison, le a thématique de la 1re classe s'allonge devant les suff. mi, ma; ex. : bhavâmi, bhavâma.

67. Quelques mots, tels que eso (eshah), so (sah), mano (manas), ayo (ayas), tamo (tamas), etc., perdent à volonté le suff. casuel devant les consonnes (eso, même devant les voyelles); ex. : eso dhammo ou esa dhammo, cette loi, eso attho ou esa attho, ce sens, sa muni ou so muni, ce sage, ayopattam, tasse de fer, ou ayakapallam, vase de fer.

VI. — Rencontre des consonnes.

68. Le redoublement des consonnes au commencement et au milieu d'un mot s'est produit en Pâli, dans la majorité des cas, par l'assimilation de deux consonnes qui se suivaient immédiatement; il est probable que ce redoublement n'était pas indiqué dans l'écriture avant
P. 17. les travaux des grammairiens. Quelquefois, il sert à observer la quantité; ex. : âkhâto ou akkhâto (âkhyâta), raconté, tanhâkhayo ou tanhakkhayo (trshnâ, kshaya), anéantissement de la passion.

69. Dans certains cas, le redoublement des consonnes au milieu d'un mot ne peut s'expliquer par la comparaison avec le Sskr., et il faut l'envisager comme une particularité du Pâli; ainsi, le y est redoublé après le û dans sûyyati, on entend; voici d'autres exemples de ce redoublement anormal : dvâram na ppatipassâmi yena gacchâmi suggatim (*Jât.* XXI, 1, 7) : je ne vois pas de porte par laquelle je puisse entrer dans la bonne voie; tam annupucchi vedeho (*ibid.*) : Vedeha la questionna; tam annuyâyum bahavo (*ibid.*) : beaucoup le suivirent.

70. Quelquefois, on rejette des syllables entières pour faciliter la prononciation; ex. : au lieu de sayam abhiññâya sacchikatvâ, on peut dire sayam abhiññâ sacchikatvâ, ayant compris lui-même et appris; jambudîpam avekkhanto adda (pour addasa) râjânam (*Jât.* XX, 1, 7) : examinant le Jambudîpa, il aperçut le roi; tasmâ aham posatham pâlayâmi lobho mamam mâ punar âgamâsi (*Jât.* XIV, 1, 7) : je pratique l'uposatha, pour que l'avidité ne revienne pas en moi. C'est ainsi que se sont formés certains mots, tels que poso, à côté de, purisa (purusha), homme, bhante, pour bhaddanta ou bhadanta (ce mot vient peut-être du sskr. bhadran te, sois heureux). La métathèse de syllabes entières au milieu d'un mot est aussi permise; ex. : ayirassa pour ariyassa (âryasya, de ariya = ârya) noble, saint, etc.

VII. — Déclinaison.

71. En Pâli, les thèmes se forment, comme en Sanskrit, de deux manières : 1° directement de la racine, au moyen des suffixes primaires (kit = kṛt), et 2° au moyen des suffixes secondaires (taddhita) ajoutés aux thèmes. Le Pâli traite ces deux catégories de la même manière que le fait le Sanskrit.

72. Il y a, en Pâli, deux nombres : le singulier et le pluriel, et sept cas (sans compter le Vocatif) : Nominatif, Accusatif, Instrumental, Datif, Ablatif, Génitif, Locatif. Le Datif singulier n'a conservé de suffixe particulier que dans un petit nombre d'exemples, pour les thèmes en a; la plupart du temps il est identique au Génitif, pour les deux nombres. L'Instrumental et l'Ablatif sont toujours identiques, au pluriel. Quelquefois, au pluriel, le Nominatif et l'Accusatif se confondent.

Voici le tableau des suffixes casuels : P. 18.

Sing.	Nom.	s	(s)	1.	Plur.	yo	(as)
	Acc.	am	(am)	2.		yo	»
	Instr.	â	(â)	3.		hi	(bhis)
	Dat.	ssa	(e)	4.		nam	(bhyas)
	Abl.	smâ	(as)	5.		hi	»
	Gén.	ssa	(as)	6.		nam	(âm)
	Loc.	smim	(i)	7.		su	(su)

DÉCLINAISON DES THÈMES A VOYELLE.

Thèmes en a.

73. La déclinaison pâlie se divise, comme en Sanskrit, en thèmes à voyelle et thèmes à consonne.

74. Dans les thèmes en a, le suffixe â de l'instr. sing. est remplacé par ina, ex. : purisa + ina = purisena.

Au datif sing., l'emploi du suff. aya est facultatif; ex. : hitâya, sukhâya.

75. Les suff. de l'abl. et du loc. sing. (pour tous les thèmes) se présentent sous les deux formes smâ et mhâ, smim et mhi (sskr. smât, smin de la déclinaison pronominale); ex. : purisasmâ ou purisamhâ, purisasmim ou purisamhi.

Dans les thèmes en a, ces cas se forment aussi au moyen des suff. â (sskr. ât) pour l'abl., et i (i) pour le locatif; ex. : purisâ, purise. Le suff. to de l'abl. sing. s'ajoute aux thèmes à voyelle; ex. : purisato, aggito, hetuto; devant ce suff., une voyelle longue s'abrége; ex.: yâguto, jambuto, etc.

76. Le nom. pl. des thèmes en a se forme par l'adjonction du suff. a; ex.: purisâ. Au neutre, ce cas prend, soit le même suff. a, soit le suff. ani; ex. : rûpâ, formes, ou rûpâni.

P. 19. L'acc. plur. de ces mêmes thèmes a pour suff. e (sskr. as; Cf. e venant de as dans le mâgadhî des Jainas, au nom. sing.); ex. : purise.

77. Le suff. de l'abl. et de l'instr. plur. a deux formes : hi et bhi; ex. : purisehi et purisebhi; le a du thème se change en e devant ces suffixes, ainsi que devant celui du loc. pl.; ex.: purisesu.

Devant le suff. nam du gén. plur., le a du thème s'allonge; ex. : purisânam.

Déclinaison de purisa (sskr. purusha).

Sing.	Nom.	puriso (sskr. purushah). — Voc. puriso (sskr. purusha).
	Acc.	purisam (sskr. purusham).
	Instr.	purisena (sskr. purushena).
	Dat. et Gén.	purisassa (sskr. Dat. purushâya; Gén. °shasya).
	Abl.	purisâ, °samhâ, °sasmâ (sskr. purushât).
	Loc.	purise, °samhi, °sasmim (sskr. purushe).
Plur.	Nom.	purisâ; — Voc. he purisâ (sskr. purushâh).
	Acc.	purise (sskr. purushân).
	Inst. et Abl.	purisehi, °bhi (sskr. Instr. purushaih, Abl. Dat. °shebhyah).
	Dat. et Gén.	purisânam (sskr. Gén. purushânâm).
	Loc.	purisesu (sskr. purusheshu).

78. On décline de même : sura (sskr. sura), asura (sskr. asura), nara (sskr. nara), uraga (sskr. uraga), nâga (sskr. nâga), yakkha (sskr. yaksha), kinnara (sskr. kinnara), manussa (sskr. manushya), pisâca (sskr. piçâca), varâha (sskr. varâha), sîha (sskr. simha), etc.

79. bhadanta a plusieurs formes pour le voc. sing.: bhadanta (ou °tâ), bhaddanta et bhante (ces deux dernières formes s'emploient aussi pour le nom. pl.).

80. En Pâli, il n'y a point de thèmes féminins en a.

Les thèmes du neutre offrent quelques particularités; au nom. sing., ils se terminent par *m* et ont deux formes au nom. et à l'acc. pl.; ex. :

Sing.	Nom.	citta*m*, pensée.	Plur.	cittâ ou cittâni
	Voc.	citta		cittâ ou cittâni
	Acc.	citta*m*		citte ou cittâni

Thèmes masculins en â. P. 20.

81. La *Rûpasiddhi* (143) II, 1, 33, cite quelques exemples de ces thèmes. Leur déclinaison est presque semblable à celle des thèmes en a; ex. : sâ (sskr. çvan), chien.

Sing.	Nom.	sâ	Plur.	sâ
	Voc.	he sa		he sâ
	Acc.	sa*m*		se
	Instr.	sena		sâhi, sâbhi
	Dat.	sassa, sâya		sâna*m*
	Abl.	sâ, sasmâ, samhâ		sâhi, sâbhi
	Gén.	sassa		sâna*m*
	Loc.	se, sasmi*m*, samhi		sâsu

On décline de même : paccakkadhammâ (sskr. pratyakshadharmâ bhagavân, *Mahâvastu*), ga*nd*îvadhanvâ (sskr. ga*nd*îvadhanvan).

Thèmes féminins en â.

82. Dans ces thèmes, le voc. sing. a une forme spéciale : il se termine par e; ex. : kaññe (sskr. kanye); il en faut excepter ammâ, annâ, ambâ (sskr. ambâ), mère, qui affectent deux formes au voc. sing. : une forme en â, identique à celle du nom.; ex. : ammâ, et une forme en a, par l'abréviation de la voyelle; ex. : amma.

83. Au loc. sing., ces thèmes prennent le suff. âya*m* ou âya; ex. : kaññâya*m*, kaññâya (sskr. kanyâyâ*m*). L'instr., le dat., l'abl. et le gén. ont pour suff. âya. L'acc. se forme par l'addition du suff. a*m* (sur l'influence de *m*, Cf. § 6, *Rem.*).

84. Déclinaison de kaññâ (sskr. kanyâ), jeune fille.

Sing.	Nom.	kaññâ	(sskr. kanyâ)
	Voc.	he kaññe	(kanye)
	Acc.	kaññam	(kanyâm)
	Instr.	kaññâya	(kanyayâ)
P. 21.	Dat.	kaññâya	(kanyâyai)
	Abl.	kaññâya	(kanyâyâh)
	Gén.	kaññâya	»
	Loc.	kaññâyam ou kaññâya	(kanyâyâm)
Pl.	Nom.	kaññâ ou kaññâyo	(sskr. kanyâh)
	Voc.	kaññâ ou kaññâyo	»
	Acc.	kaññâ ou kaññâyo	»
	Instr.	kaññâhi ou kaññâbhi	(kanyâbhih)
	Dat.	kaññânam	(kanyâbhyah)
	Abl.	kaññâhi ou kaññâbhi	»
	Gén.	kaññânam	(kanyânâm)
	Loc.	kaññâsu	(kanyâsu).

On décline de même : saddhâ (sskr. çraddhâ), medhâ (sskr. medhâ), paññâ (sskr. prajñâ), cintâ (sskr. cintâ), devatâ (sskr. devatâ), tanhâ (sskr. trshnâ), vînâ (sskr. vînâ), icchâ (sskr. icchâ), saññâ (sskr. samjñâ), etc.

Thèmes masculins en i.

85. Ces thèmes ont *m* pour suff. de l'acc. sing.; ex. : aggim ; le nom. et l'acc. pl. se terminent par ayo ou î (c'est-à-dire qu'ils ont le suff. as avec guna de la voyelle thématique (e), ou bien le suff. î; ex. : aggayo ou aggî. Le voc. est semblable au nom.; ex. : aggi, aggî ou aggayo.

Remarque. Dans la *Rûpasiddhi* (132) II, 1, 62, on trouve le voc. sing. ise, de isi (rshi), sage; en voici un exemple tiré du *Jât.* XIX, 1, 2 : maggo saggassa lokassa yathâ jânâsi tvam ise, le chemin du monde céleste, que tu connais, ô sage !

86. Déclinaison de aggi (sskr. agni), feu.

Sing.	Nom. Voc.	aggi (sskr. agnih, Voc. agne)
	Acc.	aggim (sskr. agnim)
	Instr.	agginâ (sskr. agninâ)
	Dat.	aggino, °ssa (sskr. agnaye)
P. 22.	Abl.	agginâ, °smâ, °mhâ (sskr. agneh)
	Gén.	aggino, °ssa » »

Sing.	Loc.	aggimhi (sskr. agnau)
		aggismim.
Pl.	Nom. Voc.	aggayo, aggî (sskr. agnayo)
	Acc.	aggayo, aggî (sskr. agnîn)
	Instr.	aggîhi, aggîbhi, aggihi, aggibhi (sskr. agnibhiḥ)
	Dat.	aggînam (sskr. Dat. Abl. agnibhyaḥ)
	Abl.	aggîhi, aggîbhi, aggihi, aggibhi
	Gén.	aggînam (sskr. agnînâm)
	Loc.	aggîsu, aggisu (sskr. agnishu).

On décline de même : joti (sskr. jyotis), muṭṭhi (sskr. mushṭi), kucchi (sskr. kukshi), isi (sskr. ṛshi), muni (sskr. muni), maṇi (sskr. maṇi), giri (sskr. giri), ravi (sskr. ravi), etc.

Thèmes en î.

87. Les grammaires pâlies rangent dans cette catégorie deux sortes de thèmes : (a) les thèmes sskr. en in ; ex. : daṇḍî (daṇḍin), homme armé d'un bâton, dont la déclinaison offre les particularités suivantes : au voc. sing., la longue s'abrége ; ex. : bho daṇḍi ! L'acc. sing., le nom. et le voc. pl., et le loc. sing. ont deux formes : 1° daṇḍim, daṇḍî, daṇḍismim, daṇḍimhi, comme dans la déclinaison des thèmes en i (aggi) ; 2° daṇḍinam, daṇḍino, daṇḍini, suivant l'analogie des thèmes en °in ; (b) les thèmes en î ; ex. : gâmanî (sskr. grâmaṇî), chef, senanî (sskr. senanî), général, sudhî (sskr. sudhî), de haute intelligence, qui se déclinent comme daṇḍî, sauf au loc. sing. qui ne possède point la forme en °ni ; ex. :

Sing. Nom.	gâmanî	Pl.	gâmanî, gâmanino
Acc.	gâmaninam		gâmanî
	gâmanim		gâmanino, etc.

Sing.	Nom.	daṇḍî (sskr. daṇḍî)
	Voc.	daṇḍi (sskr. daṇḍin)
	Acc.	daṇḍinam (sskr. daṇḍinam) P. 23.
		daṇḍim »
	Instr.	daṇḍinâ (sskr. daṇḍinâ)
	Gén. et Dat.	daṇḍino (sskr. Gén. daṇḍinaḥ, Dat. daṇḍine)
		daṇḍissa »
	Abl.	daṇḍinâ (sskr. daṇḍinaḥ)
		°smâ, °mhâ »
	Loc.	daṇḍini (sskr. daṇḍini)
		°smim, °mhi »

Pl.	Nom.	da*nd*î, da*nd*ino (sskr. da*nd*ina*h*)
	Voc.	da*nd*î, da*nd*ino » »
	Acc.	da*nd*î
		da*nd*ino
	Instr.	da*nd*îhi (sskr. da*nd*ibhi*h*)
		da*nd*îbhi » »
	Dat.	da*nd*înam (sskr. Gén. da*nd*inâm, Dat. da*nd*ibhya*h*)
	Abl.	da*nd*îhi (sskr. da*nd*ibhya*h*)
		da*nd*îbhi » »
	Loc.	da*nd*îsu (sskr. da*nd*ishu).

Remarque. Les thèmes en in forment aussi le nom. plur. en yo (y + as) ; ex. : sîhâ ca vyagghâ ca atho 'pi dîpiyo (*Jât.* XIV, 1, 27) : les lions, les tigres et les éléphants.

Thèmes féminins en i, î.

88. Les thèmes en i ont le suff. *m* à l'acc. sing. ; ex. : ratti*m* ; le suff. yâ à l'instr., au dat. et à l'abl. sing.; ex. : rattiyâ ; les suff. a*m*, â et o au loc.

Sing.	Nom.	ratti (sskr. râtri*h*), nuit.
	Voc.	ratti (sskr. râtre)
	Acc.	ratti*m* (sskr. râtri*m*)
	Inst.	rattiyâ (sskr. râtryâ)
	Dat.	rattiyâ (sskr. râtraye ou râtryai)
	Abl.	ratyâ (sskr. râtre*h* ou râtryâ*h*)
		rattiyâ » »
	Gén.	rattiyâ » »
	Loc.	rattiya*m*
P. 24		rattya*m* (ou ratya*m*)
		ratyâ (sskr. râtrau ou râtryâ*m*)
		ratti*m* » »
		ratto » »
		rattiyâ » »
Pl.	Nom. Acc.	rattî, rattiyo (sskr. râtraya*h*, Acc. râtrî*h*)
	Instr.	rattîhi, rattîbhi (sskr. râtribhi*h*)
	Dat.	rattîna*m* (sskr. Dat. Abl. râtribhya*h*)
	Abl.	rattîhi, rattîbhi » »
	Gén.	rattîna*m* (sskr. râtrînâ*m*)
	Loc.	rattîsu (sskr. râtrishu)
		rattisu » »

89. Dans les thèmes en î, l'acc. sing. prend le suff. ya*m* (y + a*m*); ex. : itthiya*m* ou itthi*m*.

Sing.	Nom.	itthî (sskr. strî), femme.
	Voc.	itthi (sskr. stri)
Sing.	Acc.	itthiya*m* (sskr. striya*m*)
		itthi*m* (sskr. strî*m*)
	Instr.	itthiyâ (sskr. striyâ)
	Dat.	» (sskr. striyai)
	Abl.	» (sskr. striyâ*h*)
	Gén.	» » »
	Loc.	itthiyam (sskr. striyâ*m*)
		itthiyâ » »
Pl.	Nom.	itthî, itthiyo (sskr. striya*h*)
	Voc.	itthî, itthiyo » »
	Acc.	itthî (sskr. strî*h* ou striya*h*)
		itthiyo » » »
	Instr.	itthîhi, itthîbhi (sskr. strîbhi*h*)
	Dat.	itthîna*m* (sskr. strîbhya*h*)
	Abl.	itthîhi, itthîbhi » »
	Gén.	itthîna*m* (sskr. strînâ*m*) P. 25.
	Loc.	itthîsu (sskr. strîshu).

Remarque. Pour le mot mahesî, femme du roi, on rencontre un gén. sing. en no ; ex. : mahesino laddho me âvasatho (*Jât.* XXI, 1, 9) : j'ai reçu une résidence de reine.

90. Déclinaison de nadî, fleuve.

Sing.	Nom.	nadî (sskr. nadî)
	Voc.	nadi (sskr. nadi)
	Acc.	nadiya*m* (sskr. nadî*m*)
		nadi*m* » »
	Instr.	najjâ (sskr. nadyâ)
		nadîyâ » »
	Dat.	» (sskr. nadyai)
	Abl.	» (sskr. nadyâ*h*)
	Gén.	» » »
	Loc.	najja*m* (sskr. nadyâ*m*)
		nadiya*m* » »
Pl.	Nom. Voc.	nadiyo, najjo, nadî (sskr. Nom. nadya*h*, Acc. nadî*h*)
	Instr.	nadîhi (sskr. nadîbhi*h*)

Pl.	Instr.	nadibhi (sskr. nadîbhi*h*)
	Dat.	nadîna*m* (sskr. nadîbhya*h*)
	Abl.	nadihi, nadibhi » »
	Gén.	nadîna*m* (sskr. nadînâ*m*)
	Loc.	nadîsu (sskr. nadîshu).

91. Les thèmes neutres en i se déclinent comme ceux du masculin et ne s'en distinguent qu'au nom. voc. acc. pl. dont le suff. est ini; ex. : a*tt*hîni (sskr. asthîni), os; mais on peut également former ces cas suivant l'analogie des thèmes masc.; ex. : a*tt*hî. Les thèmes en î se déclinent comme ceux du masculin, mais présentent, au nom. et à l'acc. pl., la même particularité que ci-dessus, et ont le nom. et le voc. sing. en i bref; ex. : sukhakâri (sskr. sukhakârin, thème en in), qui fait du bien.

92. Déclinaison de sakhi, ami.

Sing.	Nom.	sakhâ (sskr. sakhâ)
	Voc.	sakhâ, sakha (sskr. sakhe)
		sakhi, sakhî, sakhe » »
P. 26.	Acc.	sakhâra*m* (sskr. sakhâya*m*)
		sakhâna*m* » »
		sakha*m* » »
	Instr. Abl.	sakhinâ (sskr. Instr. sakhyâ, Abl. sakhyu*h*)
	Dat. Gén.	sakhino (sskr. Dat. sakhye, Gén. sakhyu*h*)
		sakhissa » » »
	Loc.	sakhe (sskr. sakhyau).
Pl.	Nom.	sakhâno (sskr. Nom. Voc. sakhâya*h*, Acc. sakhîn)
	Voc.	sakhâyo » » » »
		sakhino » » » »
	Instr. Abl.	sakhârehi, sakhârebhi (sskr. Instr. sakhibhi*h*, Abl. sakhibhya*h*)
		sakhehi, sakhebhi »
	Gén. Dat.	sakhârâna*m* (sskr. Gén. sakhînâ*m*, Dat. sakhibhya*h*)
		sakhîna*m* » » » »
	Loc.	sakhâresu, sakhesu (sskr. sakhishu)

Thèmes masculins en u, û.

93. A l'acc. sing., ces thèmes ont le suff. *m*; le nom. et l'acc. pl. se forment de plusieurs manières : 1° la voyelle du thème s'allonge; ex. : bhikkhû, religieux; 2° la voyelle du thème est renforcée et on y ajoute le suff. o (as); ex. : bhikkhavo; 3° la voyelle du thème n'est pas modifiée et prend le suff. yo (y + as) dans les mots hetu, jantu; ex.:

hetavo, hetuyo, jantavo, jantuyo; 4° elle prend le suff. no (n + as) dans le mot jantu; ex. : jantuno (1); le vocatif pl. est formé par le suff. e ou o qui s'ajoute à la voyelle renforcée du thème; ex. : bhikkhave ou bhikkhavo, ou bien il est semblable au nom. : bhikkhû.

Sing. Nom. bhikkhu (sskr. bhikshu*h*)
Voc. » (sskr. bhiksho)
Acc. bhikkhu*m* (sskr. bhikshu*m*)
Instr. bhikkhunâ (sskr. bhikshu*n*â)
Dat. bhikkhuno (sskr. bhikshave) P. 27.
bhikkhussa » »
Abl. bhikkhunâ (sskr. bhiksho*h*)
bhikkhusmâ, bhikkhumhâ » »
Gén. bhikkhuno (sskr. bhiksho*h*)
bhikkhussa » »
Loc. bhikkhusmi*m* (sskr. bhikshau)
bhikkhumhi » »

Pl. Nom. bhikkhû, bhikkhavo (sskr. Nom. Voc. bhikshava*h*)
Voc. bhikkhave, °vo, °û
Acc. bhikkhû, bhikkhavo (sskr. bhikshûn)
Instr. bhikkhûhi, bhikkhûbhi (sskr. bhikshubhi*h*)
Dat. bhikkhûna*m* (sskr. bhikshubhya*h*)
Abl. bhikkhûbhi » »
bhikkhûhi » »
Gén. bhikkhûna*m* (sskr. bhikshû*n*â*m*)
Loc. bhikkhûsu (sskr. bhikshushu)
bhikkhusu » »

94. Les thèmes en û se distinguent par leur manière de former le nom., le voc. et l'acc. pl.; par exemple abhibhû (nom. sing., sskr. abhibhû*h*) fait au nom. et à l'acc. pl. abhibhû et abhibhuvo (sskr. abhibhuva*h*); le voc. sing. est abhibhu; au pl., il n'admet pas le suff. e. Les mots sahabhû, sabbaññû (sskr. sarvajña) ont une forme en no au nom. et à l'acc. pl.; ex. : sahabhuno, mais aussi en û et uvo : sahabhû, sahabhuvo; toutefois sabbaññû n'a que les deux formes sabbaññû et sabbaññuno.

Thèmes féminins en u, û.

95. Les thèmes féminins en u se déclinent comme ratti,

Sing. Nom. piyañgu (sskr. priyañgu)
Voc. piyañgu (sskr. priyañgo)

(1) *Rûp.* (157) II, 1, 65.

Sing.	Acc.	piyañgu*m* (sskr. priyañgu*m*)
	Instr.	» (sskr. priyañgvâ)
P. 28.	Dat.	piyañguyâ (sskr. priyañgave ou °ñgvai)
	Abl.	» (sskr. priyañgo*h* ou priyañgvâ*h*)
	Gén.	» » » »
	Loc.	» (sskr. priyañgau ou priyañgvâ*m*)
Pl.	Nom.	piyañguyo, piyañgû (sskr. Nom. Voc. priyañgava*h*)
	Voc.	piyañguyo, piyañgû
	Acc.	piyañguyo, piyañgû (sskr. priyañgû*h*)
	Instr.	piyañgûhi, piyañgûbhi (sskr. priyañgubhi*h*)
	Dat.	piyañgûna*m* (sskr. priyañgubhya*h*)
	Abl.	piyañgûhi, piyañgûbhi » »
	Gén.	piyañgûna*m*, piyañgûya*m* (sskr. priyañgû*n*â*m*)
	Loc.	piyañgûsu et piyañgusu (sskr. priyañgushu)

On décline de même : dhâtu (sskr. dhâtu), daddu (sskr. dadru), ka*n*d*u (sskr. ka*nd*u), kacchu (sskr. kacchu), rajju (sskr. rajju), ka*n*eru (sskr. ka*n*eru), etc.

96. Les thèmes féminins en û se déclinent comme itthî ; ex. : jambû (sskr. jambû).

Sing.	Nom.	jambû	Pl.	jambû jambûyo
	Voc.	jambu		» »
	Acc.	jambu*m*		» »

On décline de même : vadhû (sskr. vadhû), sarabhû (sskr. çarabhû), sutanû (sskr. sutanu m. f. °tanvi), camû (sskr. camû), etc.

97. Comme exemple de thèmes neutres en u, la ***Rûpasiddhi*** (199) II, 4, 7, cite le mot âyu (âyus), âge, qui se décline sur deux thèmes, dont l'un en s (comme en Sanskrit) et l'autre en u.

Sing.	Nom.	âyu (sskr. âyu*h*)	Pl.	âyû, âyûni (sskr. âyû*m*shi)
	Voc.	âyu » »		» » » »
	Acc.	âyu*m* » »		» » » »
	Instr.	âyunâ		âyûhi, âyûbhi (» âyurbhi*h*)
		âyusâ » (âyushâ)		
	G. et D.	âyuno » (âyusha*h*, âyushe)		âyûna*m* (» âyusha*m*)
		âyussa » »		» » »

P. 29. De même se déclinent : cakkhu (sskr. cakshus), vasu (sskr. vasu), dhanu (sskr. dhanus), dâru (sskr. dâru), madhu (sskr. madhu), vatthu (sskr. vastu), matthu (sskr. mastu), assu (sskr. açru), etc.

98. Les thèmes neutres en û, tels que gotrabhû, se déclinent comme le masculin abhibhû, avec les particularités qu'on remarque dans le tableau suivant :

Sing.	Nom. Voc.	gotrabhu citta*m*.	Pl. Nom. Voc. Acc.	°bhû, °bhûni
	Acc.	gotrabhu*m*		
	Instr.	gotrabhunâ, etc.		

Thémes masculins en o.

99. Déclinaison de go (sskr. go), vache.

Sing.	Nom. Voc.	go	(sskr. gau*h*)
	Acc.	gâva*m*	(» gâ*m*)
		gâvu*m*	» »
		gava*m*	» »
	Instr.	gâvena	(» gavâ)
		gavena	» »
	Dat.	gâvassa	(» gave)
		gavassa	» »
	Abl.	gâvâ, gavâ	(» go*h*)
		gâvamhâ, gavamhâ	» »
		gâvasmâ, gavasmâ	» »
	Gén.	gâvassa	» »
		gavassa	» »
	Loc.	gâve, gave	(» gavi)
		gâvambi, gavamhi	» »
		gâvasmi*m*, gavasmi*m*	» »
Pl.	Nom. Voc. Acc.	gâvo	(sskr. gâva*h*)
		gavo	(» Acc. gâ*h*)
	Instr.	gohi	(» gobhi*h*)
		gobhi	» »
	Dat.	gava*m*	(» gobhya*h*)
		gunna*m*	(» gobhya*h*) P. 30.
		gona*m*	» »
	Abl.	gohi	» »
		gobhi	» »
	Gén.	gava*m*	(» gavâ*m*)
		gunna*m*	» »
		gona*m*	» »
	Loc.	gâvesu, gavesu	(» gosu)
		gosu	» »

Thèmes en u (sskr. *r*).

100. Les mots satthu (sskr. çâst*r*), maître, pitu (sskr. pit*r*), père, mâtu (sskr. mât*r*), mère, bhâtu (sskr. bhrât*r*), frère, dhîtu, fille, kattu (sskr. kart*r*), qui fait, etc. ont le nom. sing. en â; ex. : satthâ.

Au voc., l'â s'abrége à volonté; ex. : satthâ ou sattha. Ces thèmes se déclinent ainsi :

Sing.	Nom.	satthâ	(sskr. çâstâ)
	Voc.	satthâ	(» çâsta*h*)
		sattha	» »
	Acc.	satthâra*m*	(» çâstâra*m*)
	Instr.	satthârâ	(» çâstrâ)
		satthunâ	» »
	Dat.	satthu	(» çâstre)
		satthuno	» »
		satthussa	» »
	Abl.	satthârâ	(» çâstu*h*)
	Gén.	satthu	» »
		satthuno	» »
		satthussa	» »
	Loc.	satthari	(» çâstari)
Pl.	Nom. Voc. Acc.	satthâro	(sskr. çâstâra*h*, Acc. çâst*r*în)
	Instr.	satthârehi	(» çâst*r*bhi*h*)
		satthârebhi	» »
P. 31.	Dat.	satthârâna*m*	(» çâst*r*bhya*h*)
		satthâna*m*	» »
	Abl.	satthârehi	» »
		satthârebhi	» »
	Gén.	satthârâna*m*	(» çâst*r*înâm)
		satthâna*m*	» »
	Loc.	satthâresu	(» çâst*r*shu)

Se déclinent de même : netu (sskr. net*r*), guide, sotu (sskr. çrot*r*), auditeur, ñâtu (sskr. jnât*r*), qui connaît, jetu (sskr. jet*r*), vainqueur, chettu (sskr. chett*r*), qui coupe, bhettu (sskr. bhett*r*), qui fend, dâtu (sskr. dât*r*), qui donne, dhâtu (sskr. dhât*r*), souverain, etc.

101. Les mots pitu et suiv. se distinguent du type satthu 1° par le nom. pl.; ex.: pitaro; 2° par de nouvelles formes de l'inst. et de l'abl. pl.; ex.: pitûhi, pitûbhi; 3° par le gén. et le dat. pl.; ex.: pitû*nam* et pitunnam; 4° par le loc. pl. : pitûsu. Le mot kattu (kattṛ) fait aussi kattûsu au loc. pl.

102. Devant le suff. to, la voyelle du thème (u) se change en i dans ces mots; ex.: pitito, mâtito, etc. Ce changement a lieu même en composition; ex.: pitipakkho, mâtipakkho.

103. On remarque les particularités suivantes dans la déclinaison de mâtu (sskr. mâtṛ) :

Sing.	Nom.	mâtâ	(sskr. mâtâ)
	Voc.	»	(» mâtah)
	Acc.	mâtaram	(» mâtaram)
	Instr. Abl.	mâtarâ	(» Instr. mâtrâ)
		mâtyâ	(» Abl. mâtuh)
	Dat. Gén.	mâtu, mâtuyâ	(» Dat. mâtre, Gén. mâtuh)
	Loc.	mâtari	(» mâtari)
Pl.	Nom. Acc.	mâtaro	(sskr. Nom. Voc. mâtarah)
			(» Acc. mâtṛh)
	Instr. Abl.	mâtûhi, mâtûbhi	(» Instr. mâtṛbhih Abl. mâtṛ- P. 32.
		mâtarehi, mâtarebhi	(» bhyah)
	Dat. Gén.	mâtarânam, mâtânam	(» Dat. semblable à l'Abl.)
		mâtûnam	(» Gén. mâtṛnâm)
	Loc.	mâtaresu, mâtusu	(» mâtṛshu)

DÉCLINAISON DES THÈMES A CONSONNE.

104. La déclinaison de ces thèmes n'a subsisté, en Pâli, que dans un petit nombre de cas. A côté des formes anciennes, provenant de thèmes à consonne, apparaissent des formes venant de thèmes à voyelle.

Thèmes en o (sskr. as).

105. Les mots mano (sskr. manas), esprit, vaco (sskr. vacas), discours, vayo (sskr. vayas), âge, tapo (sskr. tapas), chaleur, ceto (sskr. cetas), pensée, tamo (sskr. tamas), obscurité, yaso (sskr. yaças), gloire, ayo (sskr. ayas), fer, payo (sskr. payas), boisson, siro (sskr. çiras), tête, uro (sskr. uras), poitrine, aho (sskr. ahan), jour, se déclinent de la manière suivante :

Sing.	Nom.	mano	(sskr. manah)
	Voc.	mana	» »
	Acc.	manam	» »
	Instr.	manasâ	(» manasâ)

Sing.	Instr.	manena	(sskr. manasâ)
	Dat.	manaso	(» manase)
		manassa	» »
	Abl.	manâ	(» manasa*h*)
		manasmâ	» »
		manamhâ	» »
	Gén.	manaso	» »
		manassa	» »
P. 33.	Loc.	manasi	(» manasi)
		mane	» »
		manasmi*m*	» »
		manamhi	» »
Pl.	Nom. Voc.	manâ	(sskr. manâ*m*si)
	Acc.	mane	» »
	Instr.	manehi	» manobhi*h*)
		manebhi	» »
	Dat.	manâna*m*	(» manobhya*h*)
	Abl.	manehi	» »
		manebhi	» »
	Gén.	manâna*m*	(» manasâ*m*)
	Loc.	manesu	(» mana*h*su)

106. Pour la déclinaison des thèmes en in, voy. plus haut § 87.

Thèmes en an.

107. Les mots brahma (sskr. brahman), Brahma, atta (sskr. âtman), âme, râja (sskr. râjan), roi, etc., suivent plusieurs thèmes dans leur déclinaison.

108. Déclinaison de brahma.

Sing.	Nom.	brahmâ	(sskr. brahmâ)
	Voc.	brahme	(» brahman)
	Acc.	brahmâna*m*	(» brahmâ*n*a*m*)
		brahma*m*	» »
	Instr.	brahmunâ	(» brahma*n*â)
	Dat.	brahmuno	(» brahma*n*e)
		brahmassa	» »
	Abl.	brahmunâ	(» brahma*n*a*h*)
	Gén.	brahmuno	» »
		brahmassa	» »
	Loc.	brahmani	(» brahma*n*i)

Pl. Nom. Voc. Acc.	brahmâno	(sskr. brahmâ*nah*, Acc. brahma*nah*)	P. 34.
Instr.	brahmehi	(» brahmabhi*h*)	
	brahmebhi	» »	
Dat.	brahmâna*m*	(» brahmabhya*h*)	
	brahmûna*m*	» »	
Abl.	brahmehi	» »	
	brahmebhi	» »	
Gén.	brahmâna*m*	(» brahma*nâm*)	
	brahmûna*m*	» »	
Loc.	brahmesu	(» brahmasu)	

109. Déclinaison de râja.

Sing. Nom.	râjâ	(sskr. râjâ)
Voc.	râja	(» râjan)
	râjâ	» »
Acc.	râjâna*m*	(» râjâna*m*)
	râja*m*	» »
Instr.	raññâ	(» râjñâ)
	râjena	» »
Dat.	rañño	(» râjñe)
	râjino	» »
Abl.	raññâ	(» râjña*h*)
	râjato	» »
Gén.	rañño	» »
	râjino	» »
Loc.	raññe	(» râjñi)
	râjini	(» râjani)

Pl. Nom. Voc. Acc.	râjâno	(sskr. râjâna*h*, Acc. râjña*h*)	
Instr. Abl.	râjûhi	(» Instr. râjabhi*h*)	
	râjûbhi	» »	
	râjehi	» »	
	râjebhi	» »	
Dat. Gén.	raññam	(» Dat. râjabhya*h*, Gén. râjñâ*m*)	P. 35.
	râjûna*m*	» »	
	râjâna*m*	» »	
Loc.	râjûsu	(» râjasu)	
	râjesu	» »	

110. Déclinaison de atta (sskr. âtman).

Sing. Nom.	attâ	(sskr. âtmâ)
Voc.	atta	(» âtman)

Sing. Voc.	attâ	(sskr. âtman)
Acc.	attâna*m*	(» âtmâna*m*)
	atta*m*	» »
Instr.	attanâ	(» âtmanâ)
	attena	» »
Dat.	attano	(» âtmane)
Abl.	attanâ	(» âtmana*h*)
Gén.	attano	» »
Loc.	attani	(» âtmani)
Pl. Nom. Voc. Acc.	attâno	(sskr. âtmâna*h*, Acc. âtmana*h*)
Instr. Abl.	attehi	(» Instr. âtmabhi*h*, Abl. âtmabhya*h*)
	attebhi	
Dat. Gén.	attâna*m*	(» Dat. âtmabhya*h*, Gén. âtmanâ*m*)
Loc.	attesu	(» âtmasu)

Thèmes en vat, mat.

111. Ces thèmes ont â pour suff. du nom. sing.; ex.: gu*n*avâ (sskr. gu*n*avân), de gu*n*avat (sskr. gu*n*avat), vertueux. Le thème himavat (sskr. himavat) prend, au nom. sing., la double forme himavanto ou himavâ.

112. Le voc. sing. se forme de trois manières : 1° gunava*m*; 2° gu*n*ava; 3° gu*n*avâ. Les autres cas suivent également plusieurs thèmes; ex.:

P. 36. *Thème* vat. *Thème* a.

	Thème vat	Thème a	
Sing. Nom.	gu*n*avâ		(sskr. gu*n*avân)
Voc.	gu*n*ava*m*	gu*n*ava	(» gu*n*avan)
	gu*n*avâ	»	» »
Acc.	gu*n*avanta*m*		(» gu*n*avanta*m*)
Instr.	gu*n*avatâ	gu*n*avantena	(» gu*n*avatâ)
Dat.	gu*n*avato	gu*n*avantassa	(» gu*n*avate)
Abl.	gu*n*avatâ	gu*n*avantasmâ	(» gu*n*avata*h*)
		gu*n*avantamhâ	» »
Gén.	gu*n*avato	gu*n*avantassa	» »
Loc.	gu*n*avati	gu*n*avante	(» gu*n*avati)
		gu*n*avantasmi*m*	» »
		gu*n*avantamhi	» »
Pl. Nom. Voc.	gu*n*avanto	gu*n*avantâ	(sskr. gu*n*avanta*h*)
Acc.		gu*n*avante	(» gu*n*avata*h*)
Instr.		gu*n*avantehi	(» gu*n*avadbhi*h*)
		gu*n*avantebhi	» »

Pl. Dat.	gu*n*avata*m*	gu*n*avantâna*m*	(sskr.	gu*n*avadbhya*h*)
Abl.		gu*n*avantehi	»	»
		gu*n*avantebhi	»	»
Gén.	gu*n*avata*m*	gu*n*avantâna*m*	(»	gu*n*avatâ*m*)
Loc.		gu*n*avantesu	(»	gu*n*avatsu)

113. Les thèmes neutres ont au nom. sing. la forme : gu*n*ava*m* (sskr. gu*n*avat), au nom. pl. : gu*n*avanti ou gu*n*avantâni (sskr. gu*n*avanti). Les autres cas sont semblables à ceux des thèmes du masculin.

114. Les mots : satima (sskr. sm*r*timat), bandhuma (sskr. bandhumat), suivent deux thèmes à l'acc. sing. 1° satima*m*, 2° satimanta*m*, et trois thèmes au gén. sing. 1° satimassa, 2° satimato, 3° satimantassa.

115. On décline de même : kulavâ (sskr. kulavat), phalavâ (sskr. phalavat), yasavâ (sskr. yaçasvat), dhanavâ (sskr. dhanavat), sutavâ (sskr. çrutavat), bhagavâ (sskr. bhagavat), himavâ (sskr. himavat), balavâ (sskr. balavat), sîlavâ (sskr. çîlavat), paññavâ (sskr. prajnâvat), dhitimâ (sskr. dh*r*timat), gatimâ (sskr. gatimat), matimâ (sskr. matimat), jutimâ (sskr. dyutimat), sirimâ (sskr. çrîmat), hirimâ (sskr. hrîmat), etc. P. 37.

Thèmes en at.

116. Les thèmes en at se distinguent des précédents par la formation du nom. sing. qui est en a*m*, et se déclinent ainsi :

Sing. Nom.	gaccha*m*	(sskr.	gacchân)
	gacchanto	»	»
Voc.	gaccha ou °châ	»	»
	gaccha*m*	»	»
Acc.	gacchanta*m*	(»	gacchanta*m*)
Instr.	gacchatâ	(»	gacchatâ)
	gacchantena	»	»
Dat.	gacchato	(»	gacchate)
	gacchantassa	»	»
Abl.	gacchatâ	(»	gacchata*h*)
	gacchantasmâ	»	»
	gacchantamhâ	»	»
Gén.	gacchato	»	»
	gacchantassa	»	»
Loc.	gacchati	(»	gacchati)
	gacchante	»	»
	gacchantasmi*m*	»	»
	gacchantamhi	»	»

P. 38.

Pl. Nom. Voc.	gacchanto	(sskr. gacchanta*h*)
	gacchantâ	» »
Acc.	gacchante	(» gacchata*h*)
Instr.	gacchantehi	(» gacchadbhi*h*)
	gacchantebhi	» »
Dat.	gacchata*m*	(» gacchadbhya*h*)
	gacchantâna*m*	» »
Abl.	gacchantehi	» »
	gacchantebhi	» »
Gén.	gacchata*m*	(» gacchatâ*m*)
	gacchantâna*m*	» »
Loc.	gacchantesu	(» gacchatsu)

Se déclinent de même : maha*m* (sskr. mahat), cara*m* (sskr. carat), ti*tt*ham (sskr. tish*t*hat), dada*m* (sskr. dadat), bhuñja*m* (sskr. bhuñjat), etc. Dans les thèmes neutres, le nom. sing. a la forme suivante : gaccha*m* (sskr. gacchat) ; le nom. pl., gacchantâ ou °ntâni (sskr. gacchanti).

117. Bhavanta (sskr. bhavat) affecte trois formes au nom. et au voc. pl.

bhavanto (sskr. bhavanta*h*)
bhavantâ
bhonto

Au voc. sing., on trouve les variantes suivantes : bho, bhavante, bhonto, bhontâ (sskr. bhavan). L'instr. et le gén. sing. sont ainsi formés :

bhotâ	(sskr. bhavatâ)
bhavatâ	» »
bhavantena	» »
bhoto	(» bhavata*h*)
bhavato	» »
bhavantassa	» »

L'acc. pl. a deux formes :

bhonte
bhavante (sskr. bhavata*h*).

P. 39. **118.** Santa (sskr. sat) conserve au dat. et à l'abl. pl. la forme ancienne sabbhi (sskr. sadbhi*h*), provenant du thème à consonne ; ex. : sabbhir eva samâsetha sabbhi kubetha santhava*m* (*Jât.* XX, 1, 5) ; mais il présente aussi la forme santehi.

119. Déclinaison de puma (sskr. pu*m*s).

Sing.	Nom.	pumâ	(sskr.	pumân)
	Voc.	puma*m*	(»	puman)
	Acc.	puma*m*	(»	pumâ*m*sa*m*)
	Instr.	pumânâ	(»	pu*m*sâ)
		pumunâ	»	»
		pumena	»	»
	Dat.	pumuno	(»	pu*m*se)
		pumassa	»	»
	Abl.	pumunâ	(»	pu*m*sa*h*)
	Gén.	pumuno	»	»
		pumassa	»	»
	Loc.	pumâne	(»	pu*m*si)
		pume	»	»
		pumambhi	(»	pu*m*si)
		pumasmi*m*	»	»
Pl.	Nom. Voc. Acc.	pumâno	(sskr.	pumâ*m*sa*h*, Acc. pu*m*sa*h*)
	Instr.	pumânehi	(»	pu*m*bhi*h*)
		pumânebbhi	»	»
	Dat.	pumâna*m*	(»	pu*m*bhya*h*)
	Abl.	pumânehi	»	»
		pumânebhi	»	»
	Gén.	pumâna*m*	(»	pu*m*sâ*m*)
	Loc.	pumâsu	(»	pu*m*su)
		pumesu	»	»

120. Les mots kamma (sskr. karman), affaire, nâma (sskr. nâman), nom, thâma (sskr. sthâman), force, forment de même leur gén. et leur abl. sing.; ils ont en outre les formes suivantes à l'abl. : kammâ, °masmâ, °mamhâ; le mot thâma fait à l'instr. sing. thâmunâ, °mena, °masâ.

121. Déclinaison de yuva (sskr. yuvan). P. 40.

Sing.	Nom.	yuvâ	(sskr.	yuvâ)
	Voc.	yuva	(»	yuvan)
		yuvâ	»	»
		yuvâna	»	»
		yuvânâ	»	»
	Acc.	yuvâna*m*	(»	yuvânam)
		yuva*m*	»	»
	Instr.	yuvânâ	(»	yûnâ)
		yuvena	»	»

Sing. Instr.	yuvânena	(sskr.	yûnâ)
Dat.	yuvânassa	(»	yûne)
	yuvassa	»	»
Abl.	yuvânâ	(»	yûna*h*)
	yuvânasmâ	»	»
	yuvânamhâ	»	»
Gén.	yuvânassa	»	»
	yuvassa	»	»
Loc.	yuvâne	(»	yûni)
	yuvânasmi*m*	»	»
	yuvânamhi	»	»
	yuve	»	»
	yuvamhi	»	»
	yuvasmi*m*	»	»
Pl. Nom.	yuvâno	(sskr.	yuvâna*h*)
	yuvânâ	»	»
Voc.	yuvânâ	(»	yuvâna*h*)
Acc.	yuvâne	(»	yûna*h*)
P. 41.	yuve	»	»
Instr.	yuvânehi, °bhi	(»	yuvabhi*h*)
	yuvehi, °bhi	»	»
Dat.	yuvânâna*m*	(»	yuvabhya*h*)
	yuvâna*m*	»	»
Abl.	yuvânehi, °bhi	»	»
	yuvehi, °bhi	»	»
Gén.	yuvânâna*m*	(»	yûnâ*m*)
	yuvâna*m*	»	»
Loc.	yuvânesu	(»	yuvasu)
	yuvâsu	»	»
	yuvesu	»	»

VIII. — Degrés de comparaison.

122. Le comparatif se forme au moyen des suff. 1° tara (sskr. tara), 2° iya (sskr. îyas); le superlatif, au moyen des suff. 1° tama (sskr. tama), 2° i*tt*ha (sskr. ish*t*ha), 3° issika.

Ex. : pâpo (sskr. pâpa*h*), criminel.

Comp. pâpataro, fém. °râ, neutre °ra*m*
(sskr. pâpatara)
ou pâpiyo, fém. °yâ, n. °ya*m*
(sskr. pâpîyas)

Sup. pâpatamo, fém. °mâ, n. °mam
(sskr. pâpatama)
ou pâpissiko, fém. °kâ, n. kam
ou pâpi*tt*ho, fém. °*t*hâ, n. °*t*ham
(sskr. pâpish*t*ha)

123. Pour donner plus de force à l'expression, on peut ajouter au suff. du superlatif celui du comparatif; ex. : pâpi*tt*hataro (sskr. pâpish*t*hatara*h*).

124. Quelques adjectifs forment leur comparatif et leur superlatif d'après de nouveaux thèmes; ex.:

vuddha, vieux,	Comp. jeyyo	Sup. je*tt*ho	
(sskr. vrddha)	» (sskr. jyâyas)	» (sskr. jyesh*t*ha)	
pasattha, loué,	» seyyo ou jeyyo	» se*tt*ho ou je*tt*ho	
(sskr. praçasya)	» (» çreyas ou jyâyas)	» (» çresh*t*ha ou jyesh*t*ha)	P. 42.
antika, proche,	» nediyo	» nedi*tt*ho	
(sskr. antika)	» (» nedîyas)	» (» nedish*t*ha)	
bâ*l*ha, excessif,	» sâdhiyo	» sâdhi*tt*ho	
(sskr. vâ*d*ha)	» (» sâdhîyas)	» (» sâdhish*t*ha)	
appa (sskr. alpa), petit,	» kaniyo)	» kani*tt*ho	
yuva (sskr. yuvan), jeune,	» (» kanîyas)	» (» kanish*t*ha)	

125. Les thèmes en vat (sskr. vat), mat (sskr. mat), vî (sskr. vin), rejettent ces suff. devant ceux du comparatif et du superlatif; ex.:

gu*n*avâ, vertueux (sskr. gu*n*avân) Comp. gu*n*iyo (sskr. gu*n*îyas)
Sup. gu*n*i*tt*ho (sskr. gu*n*ish*t*ha)
satimâ, qui se souvient (sskr. smrtimân) Comp. satiyo (sskr. smrtîyas)
Sup. sati*tt*ho (sskr. smrtish*t*ha)
medhâvî, raisonnable (sskr. medhâvin) Comp. medhiyo (medhîyas)
Sup. medhi*tt*ho (sskr. medhish*t*ha)

IX. — **Pronoms.**

126. PRONOMS PERSONNELS.

1re PERSONNE.

Thème amha (sskr. asmat).

Sing.	Nom.	aha*m*	(sskr. aha*m*)
	Acc.	mama*m*, ma*m*	(» mâ*m*, mâ)
	Instr.	mayâ	(» mayâ)
P. 43.	Dat.	amha*m*, mama, mayha*m*	
		mama*m*	(» mahya*m*, me)
	Abl.	mayâ	(» mat)
	Gén.	amha*m*, mama, mayha*m*	
		mama*m*	(» mama, me)
	Loc.	mayi	(» mayi)
Pl.	Nom.	amhe, maya*m*	(sskr. vaya*m*)
	Acc.	amhâka*m*	(» asmân, na*h*)
		amhe	» »
	Instr.	amhehi	(» asmâbhi*h*)
		amhebhi	» »
	Dat.	amha*m*	(» asmabhya*m*, na*h*)
		amhâka*m*	» »
		asmâka*m*	» »
	Abl.	amhehi	(» asmat)
		amhebhi	» »
	Gén.	amha*m*, amhâka*m*	(» asmâka*m*, na*h*)
		asmâka*m*	» »
	Loc.	amhesu	(» asmâsu)

2e PERSONNE.

127. *Thème* tumha (sskr. tvad).

Sing.	Nom.	tuva*m*	(sskr. tva*m*)
		tva*m*	» »
	Acc.	tava*m*	(» tvâ*m*)
		ta*m*	(» tvâ)
		tuva*m*	» »
		tva*m*	» »

Sing.	Instr.	tayâ	(sskr. tvayâ)
		tvayâ	» »
	Dat.	tumba*m*	(» tubhya*m*, te)
		tava	» » P. 44.
		tuyha*m*	» »
	Abl.	tayâ	(» tvat)
		tvayâ	» »
	Gén.	tumha*m*	(» tava, te)
		tava	» »
		tuyha*m*	» »
	Loc.	tayi	(» tvayi)
		tvayi	» »
Pl.	Nom.	tumhe	(sskr. yûya*m*)
	Acc.	tumhâka*m*	(» yushmân, va*h*)
		tumhe	» »
	Instr.	tumhehi	(» yushmâbhi*h*)
		tumhebhi	» »
	Dat.	tumha*m*	(» yushmabhya*m*, va*h*)
		tumhâka*m*	» »
	Abl.	tumhehi	(» yushmat)
		tumhebhi	» »
	Gén.	tumha*m*	(» yushmâka*m*, va*h*)
		tumhâka*m*	» »
	Loc.	tumhesu	(» yushmâsu)

128. On emploie no (sskr. na*h*) et vo (sskr. va*h*) comme acc., dat. et gén. du pl. des pronoms de la 1re et de la 2e p., pourvu, toutefois, que la phrase ne commence pas par ces mots et qu'ils ne soient pas précédés de ca, vâ, eva, et aussi comme nom. et instr. pl.; ex.: gâma*m* no gaccheyyâma, nous allons au village, gâma*m* vo gaccheyyâtha, vous allez au village. On emploie me et te comme instr., dat. et gén. sing., en observant les mêmes règles.

129. *Thème* ta (sskr. tad).

Masc. sing.	Nom.	so	(sskr. sa*h*)
	Acc.	na*m*	(» ta*m*)
		ta*m*	» »
	Instr.	nena	(» tena)
		tena	» » P. 45.
	Dat.	assa	(» tasmai)
		nassa	» »

Masc. sing.	Dat.	tassa	(sskr. tasmai)
	Abl.	asmâ	(» tasmât)
		nasmâ, namhâ	» »
		tasmâ, tamhâ	» »
	Gén.	assa	(» tasya)
		nassa	» »
		tassa	» »
	Loc.	asmi*m*	(» tasmin)
		nasmi*m*, namhi	» »
		tasmi*m*, tamhi	» »
Fém. sing.	Nom.	sâ	(sskr. sâ)
	Acc.	na*m*	(» tâ*m*)
		ta*m*	» »
	Instr.	nâya	(» tayâ)
		tâya	» »
	Dat.	tissâya, tassâya	(» tasyai)
		nassâya, assâ, nassâ	» »
		tissâ, tassâ (nâya, tâya)	» »
	Abl.	nâya	(» tasyâ*h*)
		tâya	» »
	Gén.	tissâya, tassâya	» »
		nassâya, assâ, nassâ	» »
		tissâ, tassâ, nâya, tâya	» »
	Loc.	assa*m*, nassa*m*	(» tasyâ*m*)
		tissa*m*, tassa*m*	» »
		nâya*m*, tâya*m*	» »
Masc. pl.	Nom.	ne, te	(sskr. te)
	Acc.	»	(» tân)
	Instr.	nehi, nebhi	(» tai*h*)
		tehi, tebhi	» »
P. 46.	Dat.	nesa*m*	(» tebhya*h*)
		tesa*m*	» »
	Abl.	nehi, nebhi	» »
		tehi, tebhi	» »
	Gén.	nesa*m*	(» tesha*m*)
		tesa*m*	» »
	Loc.	nesu	(» teshu)
		tesu	» »
Fém. pl.	Nom. Acc.	nâ, tâ, tâyo	(sskr. tâ*h*)
	Instr.	nâhi, nâbhi	(» tâbhi*h*)
		tâhi, tâbhi	» »

Fém. pl.	Dat.	nâsa*m*	(sskr. tâbhya*h*)
		tâsa*m*	» »
	Abl.	nâhi, nâbhi	» »
		tâhi, tâbhi	» »
	Gén.	nâsa*m*	(» tâsâ*m*)
		tâsam	» »
	Loc.	nâsu	(» tâsu)
		tâsu	» »

Neutre sing. Nom. na*m*, ta*m* (sskr. tad) Pl. nâni, tâni (sskr. tâni)

PRONOMS DÉMONSTRATIFS.

130. *Thème* eta (sskr. etad).

Masc. sing. Nom.	eso	(sskr. esha*h*)	Pl. Nom.	ete	(sskr. ete)
	eta*m*	(» eta*m*)	Acc.	ete	(» etân)

etc., comme ta (sskr. tad).

Fém. sing.	Nom.	esâ	(sskr. eshâ)	
	Acc.	eta*m*	(» etâ*m*)	
	Instr.	etâya	(» etayâ)	
	Dat.	etissâya	(» etasyai)	P. 47
		etissâ	» »	
		etâya	» »	
	Abl.	etâya	(» etasyâ*h*)	
	Gén.	etissâya	» »	
		etissâ	» »	
		etâya	» »	
	Loc.	etissa*m*	(» etasyâ*m*)	
		etâya*m*	» »	
		etâya	» »	
Fém pl.	Nom. Acc.	etâ, etâyo	(sskr. etâ*h*)	
	Instr.	etâhi, etâbhi	(» etâbhi*h*)	
	Dat.	etâsa*m*	(» etâbhya*h*)	
	Abl.	etâhi, etâbhi	» »	
	Gén.	etâsa*m*	(» etâsâ*m*)	
	Loc.	etâsu	(» etâsu)	

Neutre sing. Nom. Acc. eta*m* (sskr. etad) Pl. etâni (sskr. etâni)

Remarque. añña (sskr. anya), itara (sskr. itara), se déclinent de même au fém. Ils font au dat. et au gén. sing. aññissâ, aññâya, itarissâ, itarâya; au loc. sing. aññissa*m*, aññâya*m*, itarissa*m*, itarâya*m*.

131. *Thème* ima (sskr. ida*m*).

	Masc. sing. Nom.	aya*m*	(sskr.	aya*m*)
	Acc.	ima*m*	(»	ima*m*)
	Instr.	anena	(»	anena)
		iminâ	»	»
	Dat.	assa	(»	asmai)
		imassa	»	»
	Abl.	asmâ	(»	asmât)
		imasmâ	»	»
		imambâ	»	»
	Gén.	assa	(»	asya)
P. 48.		imassa	»	»
	Loc.	asmi*m*, imasmi*m*	(»	asmin)
		imamhi	»	»
	Pl. Nom.	ime	(sskr.	ime)
	Acc.	»	(»	imân)
	Instr.	ehi, ebhi	(»	ebhi*h*)
		imehi, imebhi	»	»
	Dat.	esa*m*, esâna*m*	(»	ebhya*h*)
		imesa*m*, imesâna*m*	»	»
	Abl.	ehi, ebhi	»	»
		imehi, imebhi	»	»
	Gén.	esa*m*, esâna*m*	(»	eshâ*m*)
		imesa*m*, imesâna*m*	»	»
	Loc.	esu	(»	eshu)
		imesu	»	»
	Fém. sing. Nom.	aya*m*	(sskr.	iya*m*)
	Acc.	ima*m*	(»	imâ*m*)
	Instr.	imâya	(»	anayâ)
	Dat. et Gén.	assâya	(»	Dat. asyai)
		imissâya	»	»
		assâ	»	»
		imissâ	»	»
		imâya	»	»
	Abl.	imâya	(»	Abl. Gén. asyâ*h*)
	Loc.	assa*m*[1]	(»	asyâ*m*)
		imissa*m*	»	»

Fém. sing.	Nom.	imissâ	(sskr. asyâ*m*)	
		imâya*m*	» »	
Pl.	Nom. Acc.	imâ, imâyo	(sskr. imâ*h*)	
	Instr.	imâhi, imâbhi	(» âbhi*h*)	
	Dat. Gén.	imâsa*m*, imâsâna*m*	(» Dat. âbhya*h*, Gén. âsâ*m*)	
	Abl.	imâhi, imâbhi	(» Abl. âbhya*h*)	P. 49.
	Loc.	imâsu	(» âsu)	

Au neutre, le nom. et l'acc. sing. ont pour forme ida*m* (sskr. ida*m*) ou ima*m*, le nom. et l'acc. pl. imâni (sskr. imâni). Les autres cas sont semblables à ceux du masc.

132. *Thème* amu (sskr. adas)

Masc. sing.	Nom.	asu	(sskr. asau)	
	Acc.	amu*m*	(» amu*m*)	
	Instr.	amunâ	(» amunâ)	
	Dat.	amussa	(» amushmai)	
		[adussa	» »	
	Abl.	amusmâ	(» amushmât)	
		amumhâ	» »	
	Gén.	amussa	(» amushya)	
		adussa	» »	
	Loc.	amusmi*m*	(» amushmin)	
		amumhi	» »	
Pl.	Nom. Acc.	amû	(sskr. amî, amûn)	
	Instr.	amûhi, amûbhi	(» amîbhi*h*)	
	Dat.	amûsa*m*	(» amîbhya*h*)	
		amûsâna*m*	» »	
	Abl.	amûhi	» »	
		amûbhi	» »	
	Gén.	amûsa*m*	(» amîshâ*m*)	
		amûsâna*m*	» »	
	Loc.	amûsu	(» amîshu)	
Fém. sing.	Nom.	asu	(sskr. asau)	
	Acc.	amu*m*	(» amû*m*)	
	Instr.	amuyâ	(» amuyâ)	
	Dat.	amussâ	(» amushyai)	P. 50.
		amuyâ	» »	
	Abl.	amuyâ	(» amushyâ*h*)	

Fém. sing.	Gén.	amussâ	(sskr. amushyâ*h*)
		amuyâ	» »
	Loc.	amussa*m*	(» amushyâ*m*)
		amuya*m*	» »
Pl.	Nom.	amû, amuyo	(sskr. amû*h*)
	Instr.	amûhi, amûbhi	(» amûbhi*h*)
	Dat.	amûsa*m*	(» amûbhya*h*)
		amûsâna*m*	» »
	Abl.	amûhi, amûbhi	» »
	Gén.	amûsa*m*	(» amûshâ*m*)
		amûsâna*m*	» »
	Loc.	amûsu	(» amûshu)

133. Le neutre a au nom. sing. adu*m* (sskr. ada*h*), à l'acc. adu*m* ou amu*m* (sskr. ada*h*), à l'acc. pl. amû, amûni (sskr. amûni).

Remarque. On peut ajouter au thème amu le suff. ka, pour exprimer le mépris; ex. :

Sing.	Nom.	amuko (ou asuko)
	Acc.	amuka*m* (ou asuka*m*)
Pl.	Nom.	amukâ (ou asukâ)
	Acc.	amuke (ou asuke), etc.

134. *Thème* ya (sskr. yad).

Masc. sing.	Nom.	yo	(sskr. ya*h*)	Pl.	ye	(sskr. ye)
	Acc.	ya*m*	(» ya*m*)		ye	(» yân)
Fém. sing.	Nom.	yâ	(sskr. yâ)	Pl.	yâ, yâyo	(sskr. yâ*h*)
	Acc.	ya*m*	(» yâ*m*)		yâ, yâyo	(» yâ*h*)

P. 51. Au neutre, le nom. et l'acc. sing. font ya*m* (sskr. yat), pl. yâni (sskr. yâni), etc. Ce thème se décline comme sabba; voy. § 136.

135. *Thème* kim (sskr. ki*m*).

Masc. sing.	Nom.	ko	(sskr. ka*h*)
	Acc.	ka*m*	(» ka*m*)
	Instr.	kena	(» kena)
	Dat.	kassa	(» kasmai)
		kissa	» »

Masc. sing.	Abl.	kasmâ	(sskr. kasmât)
		kamhâ	» »
	Gén.	kassa	(» kasya)
		kissa	» »
	Loc.	kasmi*m*	(» kasmin)
		kismi*m*	» »
		kamhi	» »
		kimhi	» »
Pl.	Nom.	ke	(sskr. ke)
	Acc.	ke	(» kân)
	Instr.	kehi, kebhi	(» kai*h*)
	Dat.	kesa*m*	(» kebhya*h*)
	Abl.	kehi, kebhi	» »
	Gén.	kesa*m*	(» keshâ*m*)
	Loc.	kesu	(» keshu)
Fém. sing.	Nom.	kâ	(sskr. kâ)
	Acc.	ka*m*	(» kâ*m*)
Pl.	Nom. Acc.	kâ, kâyo	(sskr. kâ*h*)

etc., comme sabbâ; voy. § 136.

Neutre sing.	Nom. Acc.	ki*m*	(sskr. ki*m*)
Pl.	» »	kâni	(» kâni)

X. — Adjectifs pronominaux. P. 52.

136. Déclinaison de sabba.

Masc. sing.	Nom.	sabbo	(sskr. sarva*h*)
	Voc.	sabba	(» sarva)
	Acc.	sabba*m*	(» sarva*m*)
	Instr.	sabbena	(» sarve*n*a)
	Dat.	sabbassa	(» sarvasmai)
	Abl.	sabbasmâ	(» sarvasmât)
		sabbamhâ	» »
	Gén.	sabbassa	(» sarvasya)
	Loc.	sabbasmi*m*	(» sarvasmin)
		sabbamhi	» »

Pl.	Nom.	sabbe, sabbâ	(sskr. sarve)
	Voc.	sabbe, sabbâ	(» sarvân)
	Acc.	sabbe, sabbâ	(» sarve)
	Instr.	sabbehi, sabbebhi	(» sarvai*h*)
	Dat.	sabbesa*m*, sabbesâna*m*	(» sarvebhya*h*)
	Abl.	sabbehi, sabbebhi	» »
	Gén.	sabbesa*m*, sabbesâna*m*	(» sarveshâ*m*)
	Loc.	sabbesu	(» sarveshu)
Fém. sing.	Nom.	sabbâ	(sskr. sarvâ)
	Voc.	sabbe	(» sarve)
	Acc.	sabba*m*	(» sarvâ*m*)
	Instr.	sabbâya	(» sarvayâ)
	Dat.	sabbassâ	(» sarvasyai)
		sabbâya	» »
	Abl.	sabbâya	(» sarvasyâ*h*)
	Gén.	sabbassâ	» »
		sabbâya	» »
	Loc.	sabbâssa*m*	(» sarvasyâ*m*)
		sabbâya*m*	» »
P. 53. Pl.	Nom. Acc.	sabbâ, sabbâyo	(sskr. sarvâ*h*)
	Instr.	sabbâhi, sabbâbhi	(» sarvâbhi*h*)
	Dat.	sabbâsa*m*	(» sarvâbhya*h*)
		sabbâsâna*m*	» »
	Abl.	sabbâhi, sabbâbhi	» »
	Gén.	sabbâsa*m*	(» sarvâsâ*m*)
		sabbâsâna*m*	» »
	Loc.	sabbâsu	(» sarvâsu)
Neutre sing.	Nom. Acc.	sabba*m*	(sskr. sarva*m*)
	Voc.	sabba	(» sarva*m*)
Pl.	Nom. Voc. Acc.	sabbâ*n*i	(sskr. sarvâ*n*i)

etc., comme le masc.

On décline ainsi :

1° sabba (sskr. sarva)
2° katara (sskr. katara)
3° katama (sskr. katama)
4° ubhaya (sskr. ubhaya)
5° itara (sskr. itara)
6° añña (sskr. anya)

7° aññatara (sskr. anyatara)
8° aññatama (sskr. anyatama)
9° pubba (sskr. pûrva)
10° para (sskr. para)
11° apara (sskr. apara)
12° dakkhi*n*a (sskr. dakshi*n*a)
13° uttara (sskr. uttara)
14° adhara (sskr. adhara)
15° ya (sskr. yad)
16° ta (sskr. tad)
17° ima (sskr. ida*m*)
18° amu (sskr. adas)
19° eta (sskr. etad)
20° ki*m* (sskr. ki*m*)
21° eka (sskr. eka)
22° dvi (sskr. dvi)
23° ubha (sskr. ubha)
24° ti (sskr. tri)
25° catu (sskr. catur)
26° tumha (sskr. tvad)
27° amha (sskr. asmad)

Ces vingt-sept mots sont appelés sabbanâmâni (sskr. sarvanâman).

138. Dans les mots dakkhi*n*a (sskr. dakshi*n*a), uttara (sskr. uttara), le loc. fém. sing. peut faire dakkhi*n*âya, uttarâya. Le mot pubba (sskr. pûrva) a, comme sabba, deux formes au nom. masc. pl. : pubbe et pubbâ (sskr. pûrve, pûrvâ*h*); à l'abl. sing. il a trois formes : pubbasmâ, pubbamhâ (sskr. purvasmât), pubbâ (sskr. pûrvât), et autant au loc. sing. : pubbasmi*m*, pubbamhi (sskr. pûrvasmin), pubbe (sskr. pûrve).

139. Si les mots précités entrent dans un composé *dvandva, tappurisa* ou *bahubbihi,* ils suivent indifféremment, au nom. pl., la déclinaison pronominale ou la déclinaison nominale; ex. de *dvandva* : katarakatame ou katarakatamâ. P. 54.

Aux autres cas, ces mots ne suivent que la déclinaison nominale; ex. : Pl. Gén. pubbâparâna*m*, pubbuttarâna*m*, adharuttarâna*m*.

Ex. de *tappurisa* : mâsapubbâya, mâsapubbâna*m*. Ex. de *bahubbihi* : piyapubbâya, piyapubbâna*m*. Font exception les composés (*bahubbihi*) exprimant une direction vers les points cardinaux; ex. :

dakkhi*n*apubbassa*m*
dakkhi*n*apubbassâ
uttarapubbassa*m*
uttarapubbassâ

140. Kati, combien, se décline seulement au pl.; il suit les thèmes en i :

Nom. Acc.	kati	(sskr.	kati)
Instr. Abl.	katibhi, katihi	(»	Instr. katibhi*h*, Abl. katibhya*h*)
Dat. Gén.	katîna*m*	(»	Dat. katibhya*h*, Gén. katînâ*m*)
Loc.	katîsu	(»	katishu)

XI. — Noms de nombre.

141. Eka (sskr. eka) se décline comme sabba ; Cf. § 136.

Sing. Nom.	eko	(sskr.	eka*h*)
Acc.	eka*m*	(»	eka*m*)
Pl. Nom.	eke, ekâ	(sskr.	eke)
Acc.	eke, ekâ	(»	ekân), etc.

P. 55.

Au fém., ce mot suit la déclinaison de eta (sskr. etad) ; Cf. § 130.

Sing. Dat. Gén.	ekissâ, ekâya
Loc.	ekissa*m*, ekâya*m*

142. Déclinaison de ubho, tous deux.

Pl. Nom. Acc.	ubho, ubhe	(sskr.	ubhau)
Instr. Abl.	ubhobi, ubhobhi	(»	ubhâbhyâ*m*)
	ubhebi, ubhebhi	»	»
Dat. Gén.	ubhinna*m*	(»	Dat. ubbhâbhyâ*m*, Gén. ubhayo*h*)
Loc	ubhosu	(»	ubhayo*h*)
	ubhesu	»	»

143. Déclinaison de dvi (sskr. dvi), deux.

Nom. Voc. dve, duve, pour les trois genres (sskr. Nom. Voc. Acc. masc. dvau, fém. dve).

Instr. Abl.	dvîhi	(sskr.	dvâbhyâ*m*)
	dvîbhi	»	»
Dat. Gén.	dvinna*m*	(»	Dat. dvâbhyâ*m*)
	duvinna*m*	(»	Gén. dvayo*h*)
Loc.	dvîsu	(»	Loc. dvayo*h*)

144. Déclinaison de ti (sskr. tri), trois.

Masc. Nom. Voc.	tayo	(sskr.	trayah)
Acc.	tayo	(»	trîn)
Instr. Abl.	tîhi	(»	Instr. tribhih, Abl. tribhyah)
	tîbhi	»	» »
Dat. Gén.	tinnam	(»	Dat. tribhyah, Gén. trayânam et trînâm, dans les Védas) P. 36.
	tinnannam	»	»
Loc.	tîsu	(»	trishu)
Fém. Nom.	tisso	(sskr.	tisrah)
Acc.	tisso	(»	tisrah)
Instr. Abl.	tîhi	(»	Instr. tisrbhih)
	tîbhi	(»	Dat. Abl. tisrbhyah)
Dat. Gén.	tissannam	(»	Gén. tisrnâm)
Loc.	tîsu	(»	Loc. tisrshu)

Nom. Acc. pl. neutre tîni (sskr. trîni).

145. Déclinaison de catu (sskr. catur), quatre.

Masc. Nom.	cattâro	(sskr.	catvârah)
Acc.	caturo	(»	caturah)
	cattâro	»	»
Dat. Abl.	catûhi	(»	caturbhih)
	catûbhi	(»	Dat. Abl. caturbhyah)
	catubbhi	»	»
Dat. Gén.	catunnam	(»	Gén. caturnam)
Loc.	catûsu	(»	caturshu)

Le fém. se distingue par le nom. et l'acc. : catasso (sskr. catasrah), dat. et gén. catassannam (sskr. dat. catasrbhyah, gén. catasrnâm). Le nom. et l'acc. du neutre font cattâri (sskr. catvâri).

146. Déclinaison de pañca (sskr. pañcan), cinq.

Nom. Acc.	pañca	(sskr.	pañca)
Instr. Abl.	pañcahi	(»	Instr. pañcabhih, Abl. pañcabhyah)
	pañcabhi	»	» »
Dat. Gén.	pañcannam	(»	Dat. pañcabhyah, Gén. pañcânâm) P. 37.
Loc.	pañcasu	(»	pañcasu)

Se déclinent de même : cha (sskr. shash), six; satta (sskr. saptan), sept; attha (sskr. ashtan), huit; nava (sskr. navan), neuf; dasa (sskr. daçan), dix.

147. Les noms de nombre eka (sskr. eka), dvi (sskr. dvi), a*tt*ha (sskr. ash*t*an), en composition avec d'autres noms de nombre, allongent leur voyelle finale : ekâdasa (sskr. ekâdaça), dvâdasa (sskr. dvâdaça), a*tt*hâdasa (sskr. ash*t*âdaça).

148. Voici les autres noms de nombre :

11. ekârasa ou
ekâdasa (sskr. ekâdaça)

12. bârasa ou
dvâdasa (sskr. dvâdaça)

13. terasa ou
tekasa (sskr. trayodaça)

14. cuddasa
coddasa
catuddasa (sskr. caturdaça)

15. pañcadasa
pa*nn*arasa (sskr. pañcadaça)

16. solasa (sskr. sho*d*aça)

17. sattadasa (sskr. saptadaça)
sattarasa

18. a*tt*hâdasa (sskr. ash*t*âdaça)
a*tt*harasa, etc.

XII. — **Conjugaison.**

CLASSES DES VERBES.

149. Les grammairiens répartissent en sept classes les verbes pâlis. La première classe est bhû, etc. (sskr. bhvâdi), être, et forme le thème des
P. 58. quatre temps spéciaux de plusieurs manières : 1° la voyelle radicale (i, u) est renforcée, et à la racine ainsi modifiée s'ajoute un a : ex. : bho + a = bhava ; 2° si la racine contient la voyelle a, le thème se forme par la simple addition d'un a : ex. : pac + a = paca. Les grammairiens indigènes rangent aussi dans la première classe les verbes tud, frapper sskr. tud, VIe cl.), thème tuda ; vis, entrer (viç, VIe cl.), th. visa (viça),

nud, pousser (nud, VIe cl.), th. nuda (nuda); dis, montrer (diç, VIe cl.), th. disa (diça); likh, tracer (likh, VIe cl.), th. likha (likha); phus, toucher (sskr. spṛç, IVe cl.), th. phusa (spṛça), etc., qui ne modifient point la voyelle radicale. Les verbes de cette subdivision, à l'exception du dernier, correspondent à la VIe classe du Sanskrit.

Les grammairiens indigènes reconnaissent encore une quatrième subdivision dans la première classe; elle comprend les verbes dont le thème spécial est formé par le redoublement, à savoir: hu (hu, IIIe cl.), th. juho (juho, juhu); hâ, laisser (hâ, IIIe cl.), th. jahâ (jahâ), jaha (jahî); dâ, donner (dâ, IIIe cl.), dhâ, placer (dhâ, IIIe cl.), etc. Cette subdivision comprend donc la IIIe classe sanskrite.

150. La deuxième classe est rudh, etc. (sskr. rudhâdi, VIIe cl.), qui, au thème spécial, insère une nasale (*m* en Pâli, na, n en Sanskrit); mais, en Pâli, les désinences ne s'ajoutent pas immédiatement à ce thème, comme en Sanskrit : ce thème prend encore la formative a; ex. :

ru*m*dha
ru*m*dhâmi (ru*n*adhmi)
ru*m*dhâma (rundhma*h*)

151. La troisième classe est div, etc. (sskr. divâdi, IVe cl.); elle prend au thème spécial la formative ya (sskr. ya); le y s'assimile à la consonne précédente; ex. :

div + ya, th. dibba (divya)

152. La quatrième classe est su (çru), etc. (sskr. svâdi, Ve cl.). Pour former le thème spécial, on ajoute *n*u, *n*â, u*n*â (sskr. nu, no) à la racine; le u de *n*u peut être renforcé. Par exemple, de su (çru), on forme les thèmes suivants : P. 59.

su*n*o (çr*n*o), su*n*omi (çr*n*omi)
su*n*a, su*n*âmi

153. La cinquième classe est ki, etc. (sskr. kryâdi, IXe cl.). Pour former le thème spécial, on ajoute à la racine nâ (sskr. nâ, na, nî); ex.: vikki*n*â + ti (vikrî*n*âti).

154. La sixième classe est tan, etc. (sskr. tanâdi, VIIIe cl.). Elle forme son thème spécial en ajoutant à la racine o, u (sskr. o, u) et yira; ex. :

tano + mi (tanomi)
tano + ma (tanuma*h*)
tanu + te (tanute)

155. La septième classe est cur, etc. (sskr. curâdi, X° cl.). Elle ajoute à la racine e, aya, et i pourvu que la racine ne soit pas terminée par un groupe de consonnes; les voyelles radicales i, u, sont renforcées, le a, allongé; ex.:

coremi (corayâmi)
cintayati (cintayati)
ghâṭayati (ghâṭayati)

156. Il est resté, en Pâli, quelques racines se conjuguant d'après la IIe cl. sskr., c'est-à-dire ajoutant directement les désinences à la racine; ex. : as (as), être, asmi, ahmi (asmi).

P. 60. TEMPS, NOMBRES, DÉSINENCES PERSONNELLES.

VOIX.

157. Le Pâli, comme le Sanskrit, a le transitif, ou parassapada (parasmaipada), et l'intransitif, ou attanopada (âtmanepada).

158. Le Pâli a perdu le duel, aussi bien dans le verbe que dans le nom.

159. Le verbe pâli possède (A) des temps spéciaux : 1° présent; 2° imparfait; 3° optatif ou potentiel; 4° impératif; (B) des temps généraux : 5° parfait redoublé; 6° aoriste; 7° futur; 8° conditionnel.

160. DÉSINENCES PERSONNELLES DES TEMPS SPÉCIAUX.

PRÉSENT.

parassapada :	mi	si	ti	ma	tha	anti
parasmaipada:	mi	si	ti	mas	tha	anti
attanopada :	e	se	te	mhe	vhe	ante
âtmanepada :	e	se	te	mahe	dhve	ante

IMPARFAIT.

parassapada :	a a*m*	o	â	mhâ	ttha	û
parasmaipada :	a*m*	s	t	ma	ta	an
attanopada :	i*m*	se	ttha	mhase	vha*m*	tthu*m*
âtmanepada :	i	thâs	ta	mahi	dhva*m*	anta

POTENTIEL. P. 61.

parassapada :	e eyyâmi	e eyyâsi	e eyya	eyyâma	eyyâtha	eyya*m*
parasmaipada :	yâ*m*	yâs	yât	yâma	yâta	yus
attanopada :	eyya*m*	etho	etha	eyyâmhe	eyyavho	era*m*
âtmanepada :	îya	îthâs	îta	îmahi	îdhvam	îran

IMPÉRATIF.

parassapada :	mi	hi	tu	ma	tha	antu
parasmaipada :	âni	hi	tu	âma	ta	antu
attanopada :	e	ssu	ta*m*	âmase	vho	anta*m*
âtmanepada :	ai	sva	tâ*m*	âmahai	dhva*m*	antâ*m*

P. 62.

161. **Paradigmes.**

I

PRÉSENT.

(*parassapada*).

RACINE.	THÈME.	Sing. 1.	2.	3.	Pl. 1.	2.	3.
I bhû........	bhava....	bhavâmi	bhavasi	bhavati	bhavâma	bhavatha	bhavanti
bhû I........	bhava....	bhavâmi	bhavasi	bhavati	bhavâma*h*	bhavatha	bhavanti
II tud........	tuda.....	tudâmi	tudasi	tudati	tudâma	tudatha	tudanti
tud VI.......	tuda.....	tudâmi	tudasi	tudati	tudâma*h*	tudatha	tudanti
III div.......	dibba....	dibbâmi	dibbasi	dibbati	dibbâma	dibbatha	dibbanti
div IV.......	dîvya....	dîvyâmi	dîvyasi	dîvyati	dîvyâma*h*	dîvyatha	dîvyanti
VII cur.	core.....	coremi	coresi	coreti	corema	coretha	corenti
	coraya....	corayâmi	corayasi	corayati	corayâma	corayatha	corayanti
cur X.... ...	coraya....	corayâmi	corayasi	corayati	corrayâma*h*	corayatha	corayanti

	Racine	Thème						
	IV su........	(a) su*n*o..	su*n*omi	su*n*osi	su*n*oti	su*n*oma	su*n*otha	su*n*anti
		(b) su*n*a .	su*n*âmi	su*n*âsi, °asi	su*n*âti	su*n*âma	su*n*âtha	
	çru V........	çr*n*u .... / çr*n*o. ...	çr*n*omi	çr*n*oti	çr*n*oshi	çr*n*uma*h*	çr*n*utha	çr*n*vanti
P. 63.	VI tan.......	tano.....	tanomi	tanosi	tanoti	tanoma	tanotha	tanonti
	tan VIII......	tano..... / tanu.....	tanomi	tanoshi	tanoti	tanuma*h*	tanutha	tanvanti
	V kî.	kî*n*â.....	comme IV (b)	—	kî*n*âti	—	—	kî*n*anti
	krî IX.......	krî*n*î .... / krî*n*â.... / krî*n*.	....	....	krî*n*âti	krî*n*îma*h*	krî*n*îtha	krî*n*anti
	as...........	as.......	asmi	asi	atthi	asma	attha	santi
			amhi			amha		
	as II.........	as.......	asmi	asi	asti	sma*h*	stha	santi
	hu.	juho.....	juhomi	juhosi	juhoti	juhoma	juhotha	juhonti
		juhva	juhvâmi	juhvasi	juhvati	juhvâma	juhvatha	juhvanti
	hu III........	juhu .... / juho.....	juhomi	juhoshi	juhoti	juhuma*h*	juhutha	juhvati
	II rudh.......	ru*m*dha ..	rundhâmi	rundhasi	rundhati	rundhâma	rundhata	rundhanti
	rudh VII......	rundh. ... / ru*n*adh...	ru*n*adhmi	ru*n*atsi	ru*n*addhi	rundhma*h*	runddha	rundhanti

P. 64. **162. IMPARFAIT.**

(*parassapada*).

Les grammaires ne citent pas d'exemples de cette forme pour tous les verbes, et en Pâli, aux 1re et 2e pers. du pl., nous trouvons une formation nouvelle, composée, analogue au futur périphrastique du Sanskrit : abhava + mhâ, + ttha (de as, 1re et 2e p. du pl. du présent).

I bhû....	bhava...	abhavam abhava	abhavo	abhavâ	abhavamhâ	abhavattha	abhavû
bhû I....	bhava...	abhava*m*	abhava*h*	abhavat	abhavâma	abhavata	abhavan

163. L'imparfait de kar (sskr. *kr*, VIIIe cl.) a deux formes :

Sing.	aka*m* ou akara*m*	(akarava*m*)
	akaro	(akaro*h*)
	akâ ou akarâ	(akarot)
Pl.	akaramhâ, akamhâ	(akurma)
	akarattha, akattha	(akuruta)
	akarû	(akurvan)

164. Imparfait de dâ (dâ, IIIe cl.).

Sing.	adada*m*	(adada*m*)
	adado	(adadâ*h*)
	adadâ	(adadât)
Pl.	adadamhâ	(adadma)
	adadattha	(adatta)
	adadu*m*	(adadu*h*)

165. POTENTIEL.

(*parassapada*).

P. 65.

RACINE.	THÈME.	Sing. 1	2	3
I bhû....	bhava....	bhave bhaveyyâmi	bhave bhaveyyâsi	bhave bhaveyya
bhû I....	bhava....	bhaveya*m*	bhave*h*	bhavet
II tud...	tuda.....			tude, °yya
tud VI...	tuda.....			tudet

RACINE.	THÈME.	Sing. 1	2	3
III div...	dibba.....			dibbe
div IV...	dîvya.....			dîvyet
VII cur..	core......			coreyya
	coraya.....			coraye corayeyya
cur X...	coraya.....			corayet

Pl. 1	2	3
bhaveyyâma	bhaveyyâtha	bhaveyyu*m*
bhavema	bhaveta	bhaveyu*h*
		tudeyyu*m* tudeyu*h*
		coreyyu*m* corayeyyu*m* corayeyu*h*

166. Le potentiel se forme de la même façon pour d'autres verbes. On a, par ex., de su IV (çru, Ve cl.), sing. su*n*e, °yya, pl. °yyu*m* (ç*r*nuyât); de tan VI (tan VIII), tane (tanuyât); de kar (k*r* VIII), outre les formes kare, °yya, kubbe, °yya, la forme suivante :

Sing.		Pl.
kayirâmi		kayirâma
kayirâsi		kayirâtha
kayirâ		kayiru*m*,

qui semble être conjuguée sur la IIIe classe, avec métathèse et insertion d'un i (voy. plus haut); de kî V (krî IX), vikî*n*eyya, vikki*n*e (krî*n*îyât); de as (as, IIe cl.), les formes suivantes : P. 66.

Sing.		Pl.	
assa*m*	(syâ*m*)	assâma	(syâma)
assa	(syâ*h*)	assatha	(syâta)
assa ou siyâ	(syât)	assu ou siyu*m*	(syu*h*)

167. De dâ (dâ, IIIe cl.) :

	Sing.	Pl.
1°	dadeyyâmi	dadeyyâma
	dadeyyâsi	dadeyyâtha
	dade, °yya	dadeyyu*m*
2°	dajjam (dadyâm)	dajjeyyâma (dadyâma)
	dajjeyyâmi	
	dajjeyyâsi (dadya*h*)	dajjeyyâtha (dadyâta)
	dajje, °yya, dajjâ (dadyât)	dajju*m*, °eyyu*m* (dadyu*h*)

La 3e p. présente encore les formes : deyya, deyyu*m*, pour le sing. et le pl. Rudh II (rudh VII) fait rundhe, °yya (rundhyât) rundheyyu*m* (rundhyu*h*).

IMPÉRATIF.

(*parassapada*).

168. En Pâli, l'impératif n'a pas conservé de forme spéciale pour la 1re p. du sing.; la 2e a la désinence hi, devant laquelle le a du thème s'allonge; mais cette désinence peut être supprimée. Impt. de bhû :

Sing.	bhavâmi	(bhavâni)	Pl.	bhavâma	(bhavâma)
	bhava	(bhava)		bhavatha	(bhavata)
	bhavâhi	»		»	»
	bhavatu	(bhavatu)		bhavantu	(bhavantu)

169. L'impt. de gam (gam, Ire cl.) a trois formes : 1° gacchatu (gacchatu)

P. 67.

Sing.	2° gamemi	Pl.	gamema
	gama, gamâhi		gametha
	gametu		gamentu
	3° ghammatu		ghammantu

170. De tud (tud VI), on a régulièrement : tudatu (tudatu); de div III (div IV), dibbatu (dîvyatu); de cur VII (cur X), corehi, coraya, °yâhi (coraya) coretu, corayatu (corayatu).

171. De su IV (çru V) :

Sing.	su*n*omi	(ç*rn*avâni)	Pl.	su*n*oma	(ç*rn*avâma)
	su*n*ohi	(ç*rn*u)		su*n*otha	(ç*rn*uta)
	su*n*otu	(ç*rn*otu)		su*n*antu	(ç*rn*vantu)

De tan VI (tan VIII), tanotu (tanotu), tanontu (tanvantu); de kar (kr VIII) :

Sing.	karomi	(karavâni)	Pl.	karoma	(karavâma)
	karohi	(kuru)		karotha	(kuruta)
	karotu, kurutu	(karotu)		kubbantu, karontu	(kurvantu)

172. De kî V (krî IV), vikkî*n*âtu (krî*n*âtu); de as (as, IIe cl :

Sing.	asmi	(asâni)	Pl.	asma	(asâma)
	âhi	(edhi)		attha	(sta)
	atthu	(astu)		santu	(santu)

De hu (hu, IIIe cl.), juhotu (juhotu), juhontu ou juhvantu (juhvatu); de dâ (dâ, IIe cl.), trois formes :

Sing.	1° dadâmi	(dadâmi)	Pl.	dadâma	(dadâma)
	dadâ, dadâhi	(dehi)		dadâtha	(datta)
	dadâtu	(dattu)		dadantu	(dadatu)
	2° dajjatu				
	3° demi			dema	
	dehi			detha	
	detu			dentu	

De rudh II (rudh VII) : P. 68.

Sing.	rundhâmi	(ru*n*adhâmi)	Pl.	rundhâma	(ru*n*adhâma)
	rundha	(runddhi)		rundhatha	(runddha)
	rundhâhi				
	rundhatu	(ru*n*addhu)		rundhantu	(rundhantu)

II

PRÉSENT.

(*atatnopada*).

173. Les grammaires indigènes ne citent point de formes *attanopada* pour tous les verbes, et on en rencontre rarement dans la littérature :

I bhû...	bhava...	bhave	bhavase	bhavate	bhavâmhe	bhavavhe	bhavante
bhu I...	bhava...	bhave	bhavase	bhavate	bhavâmahe	bhavadhve	bhavante

La 3e p. du pl. a encore pour désinence re ; ex. : gacchare ou °nte (gacchante)

VI tan.....	tanu....	tanve	tanuse	tanute	tanumhe	tanuvhe	tanvante
an VIII....	tanu....	tanve	tanushe	tanute	tanumahe	tanudhve	tanvate

174. IMPARFAIT.

(*attanopada*).

bhû...	bhava...	abhavi*m*	abhavase	abhavattha	abhavâmhase	abhavavha*m* abhavatthu*m*
hû I...	bhava...	abhave	abhavathâ*h*	abhavata	abhavâmahi	abhavadhva*m* abhavanta

de kar VI (k*r* VIII), 3^e^ p. sing. akarattha (akurvata); de dâ, adadattha (adatta).

P. 69.

175. POTENTIEL.

(*attanopada*).

I bhû.. bhava.. bhave bhaveyya*m* bhavetho bhavetha bhaveyyâmhe bhaveyyavho
bhavera*m*

bhû I.. bhava.. bhaveyya bhavethâ*h* bhaveta bhavemahi bhavedhva*m*
bhaveran

de gam, deux formes : gacchetha (gaccheta) et gametha, gamera*m* ; de div III (div IV), dibbetha (dîvyeta).

176. De su IV (çru V) suno*t*ha, su*n*eran ; de dâ (dâ III) :

dadeyya*m*	(dadîya)	dadeyyâmhe	(dadîmahi)
dadetho	(dadîthâ*h*)	dadeyyavho	(dadîdhva*m*)
dadetha	(dadîta)	dadera*m*	(dadîran)

177. De rudh II (rudh VII), rundhetha (rundhîta) rundhera*m* (rundhîran).

178. IMPÉRATIF.

(*attanopada*).

I bhû... bhava... bhave bhavassu bhavata*m* bhavâmase bhavavho bhavanta*m*
bhû I... bhava... bhavai bhavasva bhavatâ*m* bhavâmahai bhavadhva*m* bhavantâ*m*

de div III (div IV), dibbata*m* (dîvyatâ*m*) ; de su IV (çru V) su*n*uta*m* (çr*n*utâ*m*) su*n*anta*m* (çr*n*vantâ*m*) ; de kar VI (k*r* VIII) :

kubbe	(karavai)	kubbâmase	(karavâmahai)
kurussu	(kurushva)	kuruvho	(kurudhva*m*)
kuruta*m*	(kurutâ*m*)	kubbanta*m*	(kurvatâ*m*)

P. 70. **179.** De dâ (dâ III) :

dade	(dadai)	dadâmase	(dadâmahai)
dadassu	(datsva)	dadavho	(daddhva*m*)
dadata*m*	(dattâ*m*)	dadanta*m*	(dadatâ*m*)

180. De rudh II (rudh VII) :

rundhe	(ru*n*adhai)	rundhâmase	(ru*n*adhâmahai)
rundhassu	(runtsva)	rundhavho	(runddhva*m*)
rundhata*m*	(runddhâ*m*)	runddhanta*m*	(rundhatâ*m*)

TEMPS GÉNÉRAUX. — PARFAIT REDOUBLÉ.

181. Le parfait redoublé prend les désinences suivantes :

Par.	a (a)	Att.	i (e)	Par.	mha (ma)	Att.	mhe (mahe)
	e (tha)		ttho (se)		ttha (a)		vho (dhve)
	a (a)		ttha (e)		u (us)		re (ire)

Ces désinences s'ajoutent directement ou à l'aide d'un i de liaison à la racine redoublée.

182. Dans la syllabe redoublée, 1° les aspirées de la racine sont remplacées par des non-aspirées; 2° k et kh, par c; 3° g, par j; 4° a, venant après kh, ch, s, par i; 5° u, par a.

babhûva (babhûva)	babhûvimha (babhûvima)
babhûve (babhûvitha)	babhûvittha (babhûva)
babhûva (babhûva)	babhûvu (babhûvu*h*)
babhûvi (babhûve)	babhûvimhe (babhûvimahe)
babhûvittho (babhûvishe)	babhûvivho (babhûvidhve °*d*hve)
babhûvittha (babhûve)	babhûvire (babhûvire)

Le parfait redoublé de gam est jagama; celui de as, 3e p. pl. par., âsu P. 71.
(âsu*h*).

183. AORISTE.

L'aoriste a les désinences suivantes :

Par.	i*m* (a*m*)	mhâ (mha)	Att.	a (a*m*)	mhe
	o (i)	ttha		se	vha*m*
	î	û (u, i*m*su)		â (ttha)	û (u*m*) i*m*su

184. Il y a deux aoristes en Pâli : (A) Celui qui est formé directement de la racine (ou du thème des temps spéciaux), ex. : asu*n*i (su=çru, entendre), par l'adjonction des désinences de l'imparfait ; exemple de gâ :

Par.	ajjhaga*m*	ajjhagumha
	ajjhagâ	ajjhaguttha
	ajjhagâ	ajjhagu*m*

On forme de même de labh (labh, Ire cl.), prendre, à l'*attanopada*, 1re p. alattham, 3e p. alattha (aladdha).

Cet aoriste correspond à l'aoriste simple du Sanskrit.

185. On emploie plus fréquemment, avec cet aoriste, au lieu des désinences de l'imparfait, dont l'usage est rare, les désinences indiquées plus haut, avec ou sans l'augment : abhavim ou bhavim.

Par.	abhavim	abhavimha, °mhâ
	abhavo, °vi	abhavittha
	abhavi, °vî	abhavum, abhavimsu
Att.	abhavam, °va	abhavimha, °mhâ
	abhavase	abhavittha
	abhavâ, °vittha	abhavum, °vimsu

P. 72. **186.** De même, on forme de pac : apaci, °ci, apacâ, °cittha ; de vac : avoci, °co, °cuttha, °cumhâ ; de labh : alabhi, ou comme plus haut ; gam a plusieurs formes : l'une a été donnée plus haut, les autres sont : 1° agacchi (î), aggacchittha.

2°	agañchim		agañchimhâ (mha)
	agañchi, (°ñcho)		agañchittha
	agañchi		agañchimsu (agañchum)
3°	agamim		agamimhâ, °mha
	agami		agamittha, °uttha
	agami, °mî		agamimsu, °amsu, aggamum
Att.	agachittha	ou	agañchittha
4°	agamam		agamimhe
	agamise		agamivham
	agamittha (agamâ)		agamû (agû)

On forme de tud : atudi, atudimsu ; de vad : avadi ; de as :

âsim	âsimhi
âs	âsittha
âsi	âsimsu, âsu

de han : ahani, avadhi ; de rudh : rundhi, rundhimsu, arundhittha ; de div : adibbi, adibbittha ; de su : asuni, asunimsu, asunittha ; de kî : akkini ; de tan : atani ; de kar :

akarim	akarimha
akari	akarittha
akari	akarimsu, akamsu, akaru

de cur :	acorayi*m*	acorayimha
	acorayi	acorayittha
	acorayi	acorayi*m*su, acorayu*m*

Att. acorayittha

187. (B) Le second aoriste (qui correspond à l'aor. sskr. en sa*m*, sîs, sît) est composé; il est formé de la racine et de l'aoriste de as, être. Ainsi, de gam, aller, on a agamâsi, de dâ, donner : P. 73.

adâsi*m*
adâsi
adâsi

1re p. pl. adâsimha (on trouve aussi 1re p. pl. adumha, c'est-à-dire celle de l'aoriste simple, 2e p. sing. ado, 2e et 3e p. pl. adittha, ada*m*su); de dhâ, poser, adhâsi; de thâ, se tenir, a*t*thâsi; de pâ, boire, apâsi (ou pivi); de kar, faire :

akâsi*m*	akâsimha
akâsi	akâsittha
akâsi	akâsu*m*

Att. akâsittha

Le â initial de l'aoriste de as peut tomber, et de la sorte on obtient une seconde forme de l'aoriste composé. Exemple de cur, voler :

acoresi*m*	acoresimha
acoresi	acoresittha
acoresi	acoresu*m*

De gah, prendre, aggahesi; de su, entendre, assosi, assosittha; de kus (krus), crier, akkocchi (akrukshat); de dis (d*r*ç), voir, addakkhi (adrâkshît).

188. L'aoriste composé peut aussi être formé d'après le thème spécial; ex. : ajuhosi, ohosu*m*, de hu (hu), sacrifier; ajahâsi, etc., de hâ, abandonner.

FUTUR.

189. Tableau des désinences du futur :

Par.	ssâmi (syâmi)	ssâma (syâma*h*)
	ssasi (syasi)	ssatha (syatha)
	ssati (syati)	ssanti (syanti)

P. 74.

Att.	ssa*m* (sye)	ssâmhe (syâmahe)
	ssase (syase)	ssavhe (syadhve)
	ssate (syate)	ssante (syante)

Remarque. A la 3e p. du pluriel Par., au lieu de ssanti, on trouve parfois la désinence ssare; ex. : ye hi keci mahârâja bhûtâ ye ca *bhavissare* atittâ yevakâmehi gacchanti yamasâdhana*m* (*Jât.* XXI, 1, 10); sa ce tva*m* na karissasi sivinam vacana*m* ida*m* maññe ta*m* saha puttañ ca sivihatthe *karissare* (*Ibid.*).

190. Ces désinences s'ajoutent à la racine, soit immédiatement, soit à l'aide d'un i de liaison. En Pâli, le futur peut se former d'après le thème spécial.

bhû (*parassapada*).

bhavissâmi (bhavishyâmi)	bhavissâma (bhavishyâma*h*)
bhavissasi (bhavishyasi)	bhavissatha (bhavishyatha)
bhavissati (bhavishyati)	bhavissanti (bhavishyanti)

(*attanopada*).

bhavissa*m* (bhavishye)	bhavissâmhe (bhavishyâmahe)
bhavissase (bhavishyase)	bhavissâhve (bhavishyadhve)
bhavissate (bhavishyate)	bhavissante (bhavishyante)

191. Sont formés sans l'intermédiaire de i : lacchati (lapsyati), (on a aussi labhissati), de labh, prendre, vakkhati (vakshyati), de vac, parler, vacchati (vatsyati), (mais aussi vasissati), de vas, habiter, rucchati (rotsyati), (mais aussi rodissati = rodishyati), de rud, pleurer, dhassati (dhâsyati), de dhâ, poser, dakkhiti (drakshyati), (mais aussi dakkhissati), de dis (dṛç), voir, checchati, checchiti (chetsyati), (et aussi chindissati d'après le thème spécial), de chid, fendre, bhokkhati (bhokshyati) (mais aussi bhuñjissati), de bhuj, jouir, profiter de, mokkhati (mokshyati), (et aussi muñcissati), de muc, être délivré, sossati (çroshyati), (et aussi su*n*issati du thème spécial), de su (çru), entendre, vikkessati
P. 75. (kreshyati), (et aussi vikkî*n*issati), de kî (krî), vendre, vijessati (jeshyati), (et jinissati, du thème spécial), de ji, vaincre, etc.

192. Le futur le plus fréquent est celui qui prend le i de liaison; ex. : pacissati (pakshyati), de pac, cuire, gamissati (gamishyati), de gam, aller, esissati (eshishyati), de is (ish), désirer, tudissati (totsyati), de tud, frapper, janissati (janishyati), de jan, engendrer, tanissati (tanishyati), de tan, étendre, karissati (karishyati), de kar, faire, corayissati (corayishyati) ou coressati, de cur, etc.

193. Outre les exemples donnés plus haut de verbes formant leur futur d'après le thème spécial, nous citerons encore : de gam, aller, gacchissati, de is, désirer, icchissati, de hu, offrir en sacrifice, juhossati, juhissati (hoshyati), de hâ, laisser, jahissati, (hâsyati), de dâ, donner, dadissati, dajjissati ou dassati (dâsyati), de rudh, empêcher, rundhissati (rotsyati), de div, dibbissati (devishyati), de su (çru), sunissati.

194. Le futur de kar a la forme spéciale suivante :

kâhâmi	kâhâma
kâhasi	kâhatha
kâhati (kâhîti)	kâhanti (kâhinti)

Cette forme se rencontre aussi en Prâkrit (Cf. Lassen, *Institutiones ling. pracr.*, p. 352) et dans le *Mahâvastu*; ex.: âtmanâ arogo bhûtvâ anyam 'pi kâhîti arogam : « S'étant lui-même délivré de la maladie, il en délivrera aussi un autre ».

On trouve en Pâli des formes semblables venant d'autres racines· ex. : hohîti, ehîti, paññâyihinti (*Jât.* XVI, 1, 5).

CONDITIONNEL.

195. Tableau des désinences du conditionnel :

Par.	ssam	(syam)	ssamhâ (ssamha)	(syâma)
	sse (ssa)	(syas)	ssatha	(syata)
	ssâ (ssa)	(syat)	ssamsu	(syan)
Att.	ssam	(sye)	ssâmhase	(syâmahi)
	ssase	(syathâs)	ssavhe	(syadhvam)
	ssatha	(syata)	ssimsu	(syanta)

P. 76.

196. On ajoute ces désinences directement à la racine; ex. : adhassa (dhâ), adassa (dâ), ou à l'aide d'un i de liaison; ex.: atudissa (tud). Le conditionnel, comme le futur, peut être formé, en Pâli, d'après le thème spécial; ex. : arundhissa (rudh), ajuhissa (hu), ajahissa (hâ), agachissa (gam).

L'augment est facultatif.

(*parassapada*).

abhavissam (abhavishyam)	abhavissamhâ, °mha (abhavishyâma)
abhavissa, °sse (abhavishyah)	abhavissatha (abhavishyata)
abhavissa, °ssâ (abhavishyat)	abhavissamsu (abhavishyan)

(*attanopada*).

abhavissam (abhavishye)	abhavissâmhase (abhavishyâmahi)
abhavissase (abhavishyathâh)	abhavissavhe (abhavishyadhvam)
abhavissatha (abhavishyata)	abhavissimsu (abhavishyanta)

Thèmes dérivés.

I. — PASSIF.

197. Le thème du passif se forme par l'adjonction du suff. ya à la racine, et prend à volonté les désinences du transitif ou celles de l'intransitif (*parassapada, attanopada*); on a, par exemple, de bhû, être, thème bhûya.

198. Présent.

P. 77.

anubhûye (bhûye)	anubhûyâmhe (bhûyâmahe)
anubhûyase (bhûyase)	anubhûyavhe (bhûyadhve)
anubhûyate (bhûyate)	anubhûyante (bhûyante)

ou anubhûyati, etc.

199. Si la racine est terminée par une consonne, on place un i de liaison entre la racine et le suff. du passif; ex. : gam (gam), aller, gamîyate, ou bien le y s'assimile à la consonne précédente; ex. : sak (çak) : sakkate (çakyate), pac (pac) : paccate (pacyate). Si la racine est terminée par une dentale sonore, cette dentale se transforme en palatale sous l'influence du y (Cf. § 27); ex.: tud (tud) : tujjate (tudyate), rudh (rudh) : nirujjhate (rudhyate). La consonne finale r s'assimile au y du suff.; ex. : kar (kṛ) : kayyati, kayirati, karîyati (kriyate).

200. Dans les racines vac (vac, IIe cl.), vas (vas), vah (vah, Ire cl.), vaḍḍh (vṛdh, Ire cl.), le v radical devient u en prenant le suff. du passif, et à cet u on prépose un v :

uccate, vuccate (ucyate)
vussate (ushyate)
vuḷhati, vuyhati (uhyate)

Dans yaj (yaj, Ire cl.), sacrifier, y se résout en i : ijjate (ijyate).

201. Dans les racines dâ (dâ III), dhâ (dhâ III), mâ (mâ II, III, IV), pâ (pâ I), ṭhâ (sthâ I), hâ (hâ III), la voyelle finale se change en i devant le suff. du passif; ex. :

pîyate, °ti (pîyate)
mîyate (mîyate), etc.

202. Le thème du passif peut être formé d'après le thème spécial; ex. : gammate (gamyate), de gam, ou gacchiyate, °ti.

203. Le thème du passif peut servir à la formation de tous les temps généraux ; ex. : anubabhûviyittha (parfait redoublé de bhû), ou anubabhûvittha. P. 78.

Aoriste........	anvabhûyittha ou anvabhavittha, anvabhûyi
Futur.........	anubhûyissate ou anubhavissate
Conditionnel...	anvabhûyissatha (°yîssa) ou anvabhavissatha (°vissa)

II. — CAUSATIF.

204. Le causatif se forme en ajoutant les suff. e, aya, âpe, âpaya à la racine dont on renforce la voyelle par la *vrddhi*, pourvu toutefois que cette racine ne soit pas terminée par un groupe de consonnes; ex. :

De bhû, bhâveti ou bhâvayati (sskr. bhâvayati).
De pac, pâceti ou pâcâpeti ou pâcâpayati (sskr. pâcayati).

205. Dans les racines ga*m*, gha*t* (sskr. gha*t*), le renforcement de a est facultatif :

gam......	gameti, gamayati, gacchâpeti, gacchâpayati (sskr. gamayati)
gha*t*.....	gha*t*eti, gha*t*ayati, gha*t*âpeti, gha*t*âpayati (sskr. gha*t*ayati)

206. Dans les racines guh (sskr. guh, Ire cl.), dus (sskr. dush, IIe cl.), on allonge la voyelle :

guh.....	gûhayati (sskr. gûhayati)
dus.	dûsayati (sskr. dûshayati)

207. La racine han (sskr. han, IIe cl.) emprunte le thème du causatif à un autre verbe :

ghâteti, °tayati, ghâtâpeti (sskr. ghâtayati)

208. Liste de causatifs venant de diverses racines :

is (sskr. ish, VIe cl.), icchâpeti, °payati ou eseti, esayati (sskr. eshayati)
ya*m* (sskr. ya*m*, Ire cl.), niyâmeti, niyâmayati (sskr. yamayati ou yâm°)
âs (sskr. âs, IIe cl.), âseti, âsayati (sskr. âsayati)
labh (sskr. labh, Ire cl.), lâbheti, lâbhayati (sskr. lambhayati) P. 79.
vac (sskr. vac, IIe cl.), vâceti, vâcayati, vâcâpeti, vâcâpayati (sskr. vâcayati)
vah (sskr. vah, Ire cl.), vâheti, vâhayati, vâhâpeti, vâhâpayati (sskr. vâhayati)
jar (sskr. j*r*i, Ire, IVe, IXe cl.), jîreti, jîrayati, jîrâpeti, jîrâpayati (sskr. jarayati)
mar (sskr. m*r*, Ire, VIe IXe, cl.), mâreti, mârayati, mârâpeti, mârâpayati (sskr. mârayati) .

dis (sskr. d*r*ç, Ire cl.), dasseti, dassayati (sskr. darçayati)
tud (sskr. tud, VIe cl.), todeti, todayati, todâpeti, todâpayati (sskr. todayati)
vis (sskr. viç, VIe cl.), paveseti, pavesayati, pavesâpeti, pavesâpayati (sskr. veçayati)
dis (sskr. diç, VIe cl.), uddisâpeti, uddisâpayati (sskr. deçayati)
hû, autre forme de bhû, pahâveti, pahâvayati
sî (sskr. çî, IIe cl.), sâyeti, sâyayati, sayâpeti, °payati (sskr. çâyayati)
nî (sskr. nî, Ire cl.), nâyayati, nayâpeti, °payati (sskr. nâyayati)
*th*â (sskr. sthâ, Ire cl.), pa*tit*thâpeti, °payati (sskr. sthâpayati)
vadh (sskr. vadh), vadheti, vadhâpeti
hû (sskr. hu, IIIe cl.), juhâveti, °vayati, hâveti (sskr. hâvayati)
hâ (sskr. hâ, IIIe cl.), jahâpeti, °payati, hâpeti, °payati (sskr. hâpayati)
dâ (sskr. dâ, IIIe cl.), dâpeti, °payati (sskr. dâpayati)
dhâ (sskr. dhâ, IIIe cl.), pidhâpeti, °payati, pidahâpeti, °payati (sskr. dhâpayati)
rudh (sskr. rudh, VIIe cl.), rodheti, rodhayati, rodhâpeti, °payati (sskr. rodhayati)
chid (sskr. chid, VIIe cl.), chedeti, chedayati, °payati (sskr. chedayati)
yuj (sskr. yuj, VIIe cl.), yojeti, yojayati, yojâpeti, yojâpayati (sskr. yojayati)
bhuj (sskr. bhuj, VIe cl.), bhojeti, bhojayati, bhojâpeti, °payati (sskr. bhojayati)
muc (sskr. muc, VIe cl.), moceti, mocayati, mocâpeti, °payati (sskr. mocayati)
div (sskr. div., IVe cl.), deveti, devayati (sskr. devayati)
budh (sskr. budh, Ire cl.), bodheti, bodhayati, bujjhâpeti, °payati (sskr. bodhayati)
sam (sskr. çam, IVe cl.), sameti, samayati (sskr. çamayati)
su (sskr. çru, Ve cl.), sâveti, sâvayati (sskr. çrâvayati)
kî (sskr. krî, IXe cl.), vikkayati, vikkayâpeti (sskr. krâpayati)
P. 80. ji (sskr. jyâ, IXe cl.), jayâpeti, °payati (sskr. jyâpayati)
ñâ (sskr. jñâ, IXe cl.), ñâpeti, °payati (sskr. jñâpayati, jña°)
gah (sskr. grah, IXe cl.), gâheti, °hayati, gâhâpeti, °payati, ga*m*hâpeti, °payati (sskr. grâhayati)
tan (sskr. tan, VIIIe cl.), vitâneti, °nayati, (sskr. tânayati)
kar (sskr. k*r*, VIIIe cl.), kâreti, °rayati, kârâpeti, °payati (sskr. kârayati)
cur (sskr. cur, Xe cl.), corâpeti, °payati (sskr. corayati)

III. — DÉSIDÉRATIF.

209. Le thème du désidératif s'obtient en redoublant la racine et en y ajoutant la consonne s, qui permute ensuite d'après les règles générales (voy. plus haut), et se transforme soit en gutturale, soit en palatale; ex.: tij, titikkhati, Passif titikkhîyati, Caus. titikkheti, titikkhâpeti ou, sans le redoublement, tejeti et tejati (titikshate); de gup (gup, Ire cl.), jigucchati ou gopeti (jugupsate); de kit (kit, IIIe cl.), tikicchati ou vicikicchati (cikitsati), Caus. tikiccheti, °cchayati, tikicchâpeti, °payati; de man, vîma*m*sati ou mâneti (mîmâ*m*sate).

210. bhuj (bhuj, VIIe cl.), **Désid.** bubhukkhati (**sskr.** bubhukshati)
ghas (ghas, Ire cl.), **Désid.** jighacchati (**sskr.** jighatsati)
har (h*r*, Ire cl.), **Désid.** hi*m*seti ou jihi*m*sati (**sskr.** jihârshati)
su (çru, V^e cl.), **Désid.** sussûsati (**sskr.** çuçrûshati)
pâ (pâ, Ire cl.), **Désid.** pivâsati (**sskr.** pipâsati)
ji (ji) **Désid.** vijigi*m*sati (**sskr.** jigîshati)

IV. — DÉNOMINATIF.

211. Pour former un verbe d'un thème nominal, on emploie les suff. : 1° aya ; ex. : dhûmâyati (sskr. dhûmâyati), fumer, samuddâyati (sskr. samudrâyate, Westergaard : *Maris similem esse*) ; 2° îya ; ex. : chattîyati (sskr. chattra), il prend pour un parasol ce qui n'en est pas un, puttîyati (sskr. putrîyati), il considère comme son fils quelqu'un qui ne l'est pas ; ce suffixe communique aussi le sens de « désirer pour soi » ; ex. : dhanîyati (sskr. dhanâyati, dhanîyati), il désire pour soi des richesses ; 3° aya et e ; ex. : da*l*hayati (sskr. d*rd*hayati), il consolide, pamâ*n*ayati P. 81.
(sskr. pramâ*n*ayati), il démontre.

CONJUGAISON DE hû = bhû.

212. Outre les formes déjà citées de bhû, on rencontre encore les suivantes :

Prés. Par. sing.	1. homi	Pl.	1. homa
	2. hosi		2. hotha
	3. hoti		3. honti
Passif.	hûyate		
Impér. Par. sing.	1. homi	Pl.	1. homa
	2. hohi		2. hotha
	3. hotu		3. hontu
Pass.	hûyata*m*		
Potentiel Par. sing.	1. heyyâmi	Pl.	1. heyyâma, heyya*m*
	2. heyyâsi		2. heyyâtha
	3. heyya		3. heyyu*m*
Pass.	hûyetha		
Imparfait Par. sing.	1. ahuva*m*	Pl.	1. ahuvâmha
	2. ahuvo		2. ahuvattha
	3. ahuvâ		3. ahuvû, °vu

Att. sing.	1. ahuvi*m*	Pl.	1. ahuvâmhase
	2. ahuvase		2. ahuyavha*m*
	3. ahuvatha		3. ahuvatthu*m*
Pass.	ahûyattha		
Aor. Par. sing.	1. ahosi*m*, ahu*m*	Pl.	1. ahosimha, ahumha
	2. ahosi		2. ahosittha
	3. ahosi, ahu		3. ahavu*m*, ahesu*m*
Pass.	ahovittha		

Futur sing.	1. hehâmi, hehissâmi, hohâmi, hohissâmi, hemi hessâmi
P. 82.	2. hehisi, hehissasi, hohisi, hohissasi, hesi, hessasi
	3. hehiti, hehissati, hohiti, hohissati, heti, hessati
Pl.	1. hehâma, hehissâma, hohâma, hohissâma, hema, hessâma
	2. hehitha, hehissatha, hohitha, hohissatha, hetha, hessatha
	3. hehinti, hehissanti, hohinti, hohissanti, henti, hessanti
Pass.	hûyissate

Conditionnel Par. sing.	3. ahavissa	Pl.	3. ahavissa*m*su
Pass.	ahûyissatha		

La *Rûpasiddhi* cite encore la forme suivante pour le futur :

Sing.	1. anuhossâmi	Pl.	1. anuhossâma
	2. anuhossasi		2. anuhossatha
	3. anuhossati		3. anuhossanti
Conditionnel sing.	3. anuhossa		

PARTICIPES.

213. Le participe présent actif est formé par les suff. at et anta (ant + a) du thème du présent; ex. : de gam (gam) thème gaccha, part. gaccha*m* (gacchat) ou gacchanto, de car (car) thème cara, part. cara*m* (carat) ou caranto, de *th*â (sthâ) thème ti*tt*ha, part. ti*tt*ham (tishthat) ou ti*tt*hanto, de kar (k*r*) thème karo, part. karonto (kurvat), etc.

214. Ces mêmes suff. servent pour le participe futur actif; on les ajoute au thème du futur; ex. : karissa*m* (karishyat) ou karissanto.

215. Les participes en mâna, âna se forment d'après le thème du présent *attanopada*; ex. : kurumâno, ou d'après la racine; ex. : karâno (on rencontre kubbâno). Ces deux suffixes sont employés pour les verbes de toute classe ; ex. : P. 83

bhuñjamâno, bhuñjâno
khâdamâno, khâdâno, etc.

216. Le participe passé passif est formé par les suff. ta et na directement ajoutés à la racine; ex. : kato (k*r*ta), gato (gata), patto (prâpta), chinno (chinna), bhinno (bhinna), ru*nn*o (rudita), ti*nn*o (tir*n*a), etc., ou joints à l'aide d'un i de liaison; ex. : rakkhito (rakshito), vidito (vidita), icchito (ish*t*a).

217. Du participe passé passif en ta, on forme un participe passé actif en ajoutant les suff. vat, vanta (vant + a) ou avî; ex.: de huta (huta), hutavâ, ou hutavanto, ou hutâvi, pl. °vino (ce dernier se décline comme les thèmes en in).

ADJECTIFS VERBAUX.

218. Les adjectifs verbaux se forment au moyen des suffixes tabba (tavya), anîya, ya, qu'on joint avec ou sans i de liaison; ex. :

bhavitabbo, â, a*m* (bhavitavya, â, a*m*)
su*n*itabbo, â, a*m* (çrotavya, â, a*m*) (du thème spécial)
haritabbo, â, a*m* (hartavya, â, a*m*)
gahetabbo, â, a*m* ou ga*n*hitabbo, â, a*m* (grahîtavya, â, a*m*)
manitabbo, â, a*m* ou mantabbo, â, a*m* (mantavya, â, a*m*)
kattabbo, â, a*m* (kartavya, â, a*m*)
gantabbo, â, a*m* ou gamitabbo (gantavya, â, a*m*)
pattabbo, â, a*m* ou pattayyo (prâptavya)
pâpa*n*iyo, â, a*m* ou pâpu*n*aniyo (prâpa*n*îya) P. 84.
gaha*n*iyo, â, a*m* (graha*n*iya)
kara*n*iyo, â, a*m* (kara*n*îya)
gamaniyo, â, a*m* (gamanîya)

219. Le y du suff. ya s'assimile à la consonne précédente dans la majorité des cas; ex. :

bhabbo, â, a*m* (bhavya)
gammo, â, a*m* (gamya)
labbho, â, a*m* (labhya)
ceyyo, â, a*m* (ceya)
neyyo, â, a*m* (neya)
gârayho, â, a*m* (garhya)

Quelquefois ce suff. est joint à l'aide d'un i ; ex. : kâriyam (kârya).

GÉRONDIF.

220. Les suff. du gérondif sont tûna, tvâ, tvâna, et ya (tya) ; ils prennent à volonté le i de liaison ; ex. :

kâtûna, katvâ ou karitvâ (kṛtvâ)
sutvâna (çrutvâ) ou sutvâ
vandiya ou vanditvâ (vanditvâ)
upecca ou upetvâ (upetya)

Ces suff. s'attachent indistinctement à tous les verbes, qu'ils aient ou non un préfixe.

INFINITIF.

221. L'infinitif a deux suff. : tave et tum ; ex. : de su (çru), sotave, sotum (çrotum), ou sunitum (d'après le thème spécial).

222. Ces suff. prennent à volonté le i de liaison ; ex. : gantum ou gamitum (gantum), boddhum ou bujjhitum (bodhitum).

P. 85. ## XII. — **Mots composés.**

223. Les six classes de mots composés du Sanskrit se retrouvent en Pâli, ce sont : 1° le *dvandva*, le *tappurisa* (*tatpurusha*), le *kammadhâraya* (*karmadhâraya*), le *digu* (*drigu*) ; 2° le *bahubbihi* (*bahuvrihi*) ; 3° l'*avyayibhâva*.

1. — **Dvandva.**

224. Les composés *dvandva* sont de deux espèces : (a) ils prennent le suff. du pluriel ou (b), s'ils expriment un tout, le suff. du singulier.

225. Rentrent dans la première espèce les *dvandvas* suivants : samaṇabrâhmaṇâ (sskr. çramaṇa + brâhmaṇa), les *sramanas* et les *brahmanes*, khattiyabrâhmaṇâ (sskr. brâhmaṇakshatriya), les *kshatriyas* et les *brahmanes*, mâtâpitaro (sskr. mâtâpitarau), le père et la mère, pitâputtâ (sskr. pitâputrau), le père et le fils, jâyâpatî (sskr. jâyâpatî), tudampati (sskr. dampati), jânipati (sskr. jâni + pati), jayampatikâ (sskr. jâyâ ou jam ? + pati), le mari et la femme.

226. Les mots les moins longs sont placés en tête du composé, ainsi candasûriya (sskr. sûryacandramasau) ou candimasûriya, la lune et le soleil.

227. Les thèmes en i et u sont aussi placés au commencement; ex.: aggidhûmâ (sskr. agni + dhûma), le feu et la fumée, atthadhammâ (sskr. arthadharmau), atthasaddâ ou saddatthâ (sskr. sabdârthau).

228. Rentrent dans la seconde espèce les noms 1° des parties du corps; ex.: pânipada*m* (sskr. pânipada*m*), les mains et les pieds; 2° des différents genres de musique; ex. : gîtavâdita*m* (sskr. gîta + vâditra); 3° des différentes sortes de remèdes; ex. : phâlapâcana*m* (sskr. phâla + pâcana); 4° des corps d'armée; ex. : hatthassa*m* (sskr. hastyaçva*m*), les éléphants et les chevaux; 5° des animaux de petite taille; ex. : *d*a*m*sa-makasa*m* (sskr. da*m*çamaçaka*m*); 6° des animaux qui se combattent; ex. : ahinakula*m* (sskr. ahinakula*m*), le serpent et l'ichneumon, kâkolûka*m* (sskr. kâkolûka*m*), les corbeaux et les hiboux; 7° des choses qu'on oppose l'une à l'autre; ex. : nâmarûpa*m* (sskr. nâmarûpa*m*), le nom et la forme, samathavipassana*m* (sskr. çamatha + vipaçyana); 8° des êtres de différent sexe; ex. : dâsidâsa*m* (sskr. dâsîdâsa*m*), l'esclave mâle et l'esclave femelle; 9° les adjectifs dérivés de noms de nombres; ex. : dukatika*m* (sskr. dvika + trika), par deux et par trois; 10° les noms des castes inférieures; ex. : sapâkaca*nd*âla*m* (sskr. çvaca*nd*âla*m*), venarathakâra*m* (sskr. vena + rathakâra); 11° les noms des points cardinaux; ex. : pubbâpara*m* (sskr. pûrvâpara*m*), adharuttara*m* (sskr. adharottara*m*). P. 56.

229. Se mettent facultativement au sing. ou au pl. les *dvandvas* composés 1° de noms d'arbres; ex. : assatthakapittha*m* ou °tthâ (sskr. açvattha + kapittha); 2° de noms d'herbes; ex. kâsakusa*m* ou °sâ (sskr. kuçakâça*m* ou °sâ*h*); 3° de noms d'animaux domestiques; ex. : gomahisa*m* ou °sâ (sskr. gomahisha*m* ou °shâh), aje*l*aka*m* ou °kâ (sskr. aja*id*aka*m*); 4° de noms de divinités; ex.: jâtarûparajata*m* ou °tâni (sskr. rajatajâtarûpa); 5° de noms de graminées; ex. : sâliyava*m* ou °vâ (sskr. çâliyava); 6° de noms de contrées; ex. : añgamagadha*m* ou añgamagadhâ (sskr. añgamagadha); 7° de noms formant antithèse; ex.: kusalâkusala*m* ou °lâ, le bien et le mal (sskr. kuçala, akuçala), ahoratta*m* ou °ttâ (sskr. ahorâtra), le jour et la nuit; 8° de noms d'oiseaux; ex. : ha*m*sabaka*m* ou ha*m*sabakâ (sskr. ha*m*sa, vaka).

2. — Tappurisa.

230. Le premier membre de ces composés est susceptible de remplacer différents cas : 1° Accusatif; ex. : sara*n*agato, tâ, ta*m* (sskr. çara*n*agata), qui se place sous la protection; sukhappatto (sskr. sukhaprâpta), qui a obtenu le bonheur, sabbarattisobhano (c'est-à-dire sabbaratti*m* sobhano), beau toute la nuit (sskr. sarvarâtra çobhana), saccavâdî (c'est-à-dire sacca*m* vaditu*m* sîlam assa, dire la vérité est dans sa nature) (sskr. satyavâdin).

2° Instrumental; ex. : buddhabhâsito dhammo, la loi enseignée par le Buddha (sskr. buddha, bhâshita), kâkapeyyâ nadî (sskr. kâkapeyâ nadî), rivière qu'un

P 87. corbeau peut épuiser en buvant, piyavippayogo (sskr. priyaviprayoga), séparation de son ami ou amie, pâdapo (sskr. pâdapa), qui boit avec les pieds = arbre, mâsapubbo (sskr. mâsapûrvah), mâtusadiso (sskr. mâtrsadrçah), semblable à sa mère, asikalaho (sskr. asikalaha), combat à l'épée, vâcânipuṇo (sskr. vâṇnipuṇo), habile dans ses paroles, jaccandho (sskr. jâtyandha), aveugle de naissance.

3° Datif, (a) lorsque le second membre désigne une chose attribuée ou destinée à ce qu'exprime le premier membre; ex. : kaṭhinadussaṃ (sskr. kaṭhina, dûshya), étoffe pour le *Kaṭhina*, saṅghabhattaṃ (sskr. saṅgha, bhakta), dîner du Saṃgha; (b) lorsque le second membre est attha (sskr. artha); ex. : bhikkhusaṅghâttho vihâro (sskr. bhikshu, saṅgha, artha), *vihâra* pour la réunion du Saṃgha : ce genre de composé peut naturellement affecter les trois genres; (c) lorsque le second membre est hita (sskr. hita); ex. : lokahito (sskr. loka, hita), qui est utile au monde; (d) lorsque le second membre est deyya (sskr. deya); ex. : buddhadeyyaṃ pupphaṃ (sskr. buddha, deya, pushpa), fleur digne d'être offerte au Buddha.

4° Ablatif, (a) lorsque le second membre exprime l'éloignement; ex. : methunâpeto (sskr. maithuna, apeta), qui s'abstient du coït, palâpâpagato (sskr. pralâpa, apagata), qui se garde du bavardage, nagaraniggato (sskr. nagara, nirgata), sorti de la ville, rukkhaggapatito (sskr. vrksha, agra, patita), tombé du sommet d'un arbre; (b) lorsque le second terme est bhayaṃ (sskr. bhaya), crainte, bhîto (sskr. bhîta), effrayé, ou bhîruko, craintif; ex. : corabhayaṃ (sskr. caurabhayaṃ), crainte des voleurs, pâpabhîto (sskr. pâpa, bhîta), qui craint le péché, pâpabhîruko (même sens); (c) lorsque le second membre est virati (sskr. virati); ex. : kâyaduccaritavirati (sskr. kâya, duçcarita, virati), abstention des péchés corporels; (d) lorsque le second membre est mutto (sskr. mukta) ou mokkho (sskr. moksha); ex. : bandhanamutto (sskr. bandhana, mukta), délivré des liens, °mokkho, délivrance des liens.

5° Génitif; ex. : râjapuriso (sskr. râja, purusha), homme (serviteur) du roi, âcariyapûjako (sskr. âcarya, pûjaka), qui respecte le maître.

Remarque 1. Râja, sakhi, etc., ont deux thèmes lorsqu'ils sont employés comme dernier membre d'un *tappurisa*, (a) un thème en a; ex. : devarâjo,
P. 88. devasakho, pl. °jâ, °khâ, acc. sing. °jaṃ, pl. °je et (b) un thème en an; ex. : devarâjâ devasakhâ, pl. °jâno, °khâno.

Remarque 2. Puma (sskr. puṃs) perd son a; ex. : pulliṅgo (sskr. puṃliṅga), genre masculin, pumbhâvo (sskr. pumbhâva); î et û, à la fin du premier membre, peuvent à volonté s'abréger; ex. : itthirûpaṃ (sskr. strî, rûpa), forme de femme, bhikkhunisaṅgho (sskr. bhikshunî, saṅgha), communauté des religieuses, jambusâkha (sskr. jambû, çâkhâ), branche de l'arbre *jambû*.

6° Locatif; ex. : rûpasaññâ (sskr. rûpa, saṃjñâ), araññavaso (sskr. araṇyavâsa), habitation dans les bois, cakkhuviññâṇaṃ (sskr. cakshus, vijñâna), connaissance oculaire, vikâlabbojanaṃ (sskr. vikâlabhojanaṃ), manger en temps illégal (le soir), avatakacchapo (sskr. avatakacchapa), tortue dans un trou, kûpamandûko (sskr. kûpamandûka), grenouille dans un puits, akkhadhutto (sskr. aksha, dhûrta), joueur aux dés, etc.

231. Le dernier membre du composé peut être pris dans le sens de l'acc. et des autres cas :

1° Accusatif, avec ati (sskr. ati), pati (sskr. prati), anu (sskr. anu) pour premier membre; ex. : accantam, °tâni (sskr. atyanta), qui dépasse les limites, ativelo (sskr. ativela), excessif, paccakkho, â, am (sskr. pratyaksha), évident, anvattham (sskr. anvartha), compréhensible, conforme au sens.

Pattajîviko (sskr. prâptajîvika), âpannajîviko (sskr. âpannajîvika), qui a des moyens d'existence.

2° Instrumental ; ex. : (a) avakokilam vanam, c'est-à-dire kokilâya avakuttham (sskr. avakrushta) pariccattam, forêt abandonnée par les rossignol (sskr. avakokila), pariyajjhano, c'est-à-dire ajjhayanâya parigilâno (sskr. paryadhyayanah, pariglâno 'dhyayanena), exténué par l'étude ; (b) avec alam pour premier membre; ex. : alamkammo (sskr. alam, karman), apte aux affaires, kammassa alam samattho (sskr. samartha).

3° Ablatif; ex. ; nikkosambi (sskr. nishkaushambi), sorti de Kausambi, nibbânam (sskr. nirvâna), Nirvâna, nibbano (sskr. nirvana), c'est-à-dire vanato nikkhantam, sorti de la forêt.

4° Ablatif, avec les mots suivants pour premier membre : pa (sskr. P. 89.
pra) ; ex. : pâcariyo, c'est-à-dire âcariyato paro (sskr. prâcârya), qui suit son maître (élève?), upari (sskr. upari), hettha (du ssk. adhas), anto (sskr. antar) ; ex. : uparigangâ (sskr. upari, gangâ), sur le Gange, hetthânadî, en aval, antosamâpatti (sskr. antar, samâpatti), pendant la *samâpatti* (sorte de pratique d'ascétisme).

232. Le mot subordonné peut être mis en dernier (1°) facultativement; ex. : râjahamso (sskr. râjahamsa, le roi des oies, ou hamsarâjâ, addhamâsam ou mâsaddham (sskr. ardhamâsa), demi-mois, etc.; (2°) constamment ; ex. : addhakahâpanam (sskr. ardha, karshâpana, demi-*karshâpana*, addhamâsakam (sskr. ardha, mâshaka), demi-*mâshaka*, addharattam (sskr. ardharâtra), minuit, pûbbarattam (sskr. pûrvarâtra), première partie de la nuit, apararattam (sskr. apararâtra), deuxième partie de la nuit, pubbanham (sskr. pûrvâhna), matin, sâyanham (sskr. sâyâhna), soir.

233. Quelquefois le premier membre conserve une désinence casuelle (*alopatappuriso*, sskr. *aluksamâsa*) ; ex. : 1° Accusatif pabhamkaro (sskr. prabhâkaro), soleil, amatamdado (sskr. amrtadada), qui confère l'immortalité, jutindharo (sskr. dyutidhara), ayant de l'éclat; 2° Instrumental, sahasâkatam (sskr. sahasâkrtam), vite fait; 3° Datif, parassapadam (sskr. parasmaipadam), attanopadam (sskr. âtmanepadam) ; 4° Ablatif, bhayatuppatthânam (sskr. bhaya, upasthâna), secours contre la frayeur, paratoghoso (sskr. paratas, ghosha), voix de loin ; 5° Génitif, gavampatitthero (sskr. gavâmpati, sthavira), Sthavira *Gavampati* (littéralement, gardeur de vaches); 6° Locatif, manasikâro (sskr. manasikâra B. R. *Beherzigung*), pubbenivâsânussati (sskr. pûrvanivâsânusmṛti, souvenir d'une première existence, antevâsî (sskr. antevâsin), élève, kaṇṭhekâlo (sskr. kaṇṭhekâla), au cou bleu, urasilomo (sskr. urasiloman), à la poitrine velue.

3. — Kammadhâraya (sskr. Karmadhâraya).

234. Dans ces composés, le mot mahanta (sskr. mahat) a 1° la forme
P. 90. mahâ; ex. : mahâpuriso (sskr. mahâpurusha), homme grand; 2° la forme maha (c'est-à-dire le sskr. mahat, car la première consonne du mot suivant est redoublée après maha); ex. : mahabbhayaṃ (sskr. mahadbhayaṃ), grand effroi.

235. Santa (sskr. sat), étant, prend la forme ancienne sa qui amène le redoublement de la consonne initiale du mot suivant (donc sa = sskr. sat); ex. : sappuriso (sskr. satpurusha), homme sincère.

236. Puma (sskr. puṃs) rejette son a (c'est-à-dire qu'il reparaît sous sa forme ancienne); ex. : puṃkokilo (sskr. puṃskokila), punnâgo (sskr. puṃnâga).

237. Le premier membre ne se met pas au féminin, alors même que le second serait un nom féminin; ex. : khattiyakaññâ = khattiyâ + kaññâ (sskr. kshatriyâ, kanyâ), fille de la caste des guerriers, kumârasamaṇî (sskr. kumâraçramaṇâ).

238. Les *Kammadhâraya* sont de plusieurs espèces : 1° le premier membre détermine le second; ex. :

pubbapuriso (sskr. pûrvapurusha), premier homme,
aparapuriso (sskr. aparapurusha), autre homme,
paṭhamapuriso (sskr. prathamapurusha), premier homme,
majjhimapuriso (sskr. madhyamapurusha), homme moyen,
vîrapuriso (sskr. vîrapurusha), héros,
kaṇhasappo (sskr. kṛshṇasarpa), serpent noir,
nîluppalaṃ (sskr. nîlotpalaṃ), lotus bleu, etc.

2° Le second membre détermine le premier, c'est-à-dire les mots thero (sskr. sthavira), âcariyo (sskr. âcarya), maître, paṇḍito (sskr. paṇḍita), savant, etc., ex. :

sâriputtatthero, le sthavira Sâriputra,
buddhaghosâcariyo, le maître Buddhaghosa,
vidhûrapaṇḍito, le savant Vidhûra.

P. 91. 3° Les deux membres sont déterminés; ex. :

sîtuṇhaṃ (sskr. çîta, ushṇa), chaud et froid,

uccâvaca*m* (sskr. uccâvaca), haut et bas,
gatapaccâgata*m* (sskr. gatapratyâgata), parti et revenu.

4° Le mot en apposition est placé en dernier lieu; ex. :

munipu*ñ*gavo (sskr. munipu*ñ*gava), solitaire-héros,
buddhâdicco (sskr. buddha, âditya), Buddha-soleil,
sama*n*apu*nd*ariko (sskr. çrama*n*a, pu*nd*arika), Srama*n*a-lotus.

5° Le premier membre indique l'origine; ex. :

dhammasaññâ (sskr. dharmasa*m*jñâ), conscience, connaissance venant de la loi,
dhammabuddhi (sskr. dharmabuddhi), science venant de la loi.

6° Le premier membre spécialise un terme général; ex. :

cakkhundriya*m* (sskr. cakshurindriya), le sens de la vue,
gu*n*adhana*m* (sskr. gu*n*a, dhana), la richesse en qualités.

7° Le premier membre est une négation; on remplace na par a (devant les voyelles an); ex. :

abrâhma*n*o (sskr. abrâhma*n*a), non brahmane,
avyâkatâ (sskr. avyâk*r*ta), qui ne sont point définies (lois),
akusalo (sskr. akuçala), le mal,
anasso (sskr. anaçva), qui n'est point cheval.

8° Le premier membre est ku, devant les voyelles kad, particule de mépris, et kâ, signifiant peu; ex. :

kuputto (sskr. kuputra), mauvais fils,
kadanna*m* (sskr. kadanna*m*), mauvaise nourriture,
kàpuriso (sskr. kàpurusha), mauvais homme, P. 92.
kâlava*n*a*m* (sskr. kâlava*n*a*m*), peu de sel.

9° Le premier membre est pa (sskr. pra), etc., ex.: 1) pavacana*m* (sskr. pravacana); 2) samâdhâna*m* (sskr. samâdhâna; 3) vikappo (sskr. vikalpa); 4) atidevo (sskr. atideva); 5) adhidevo (sskr. adhideva); 6) sugandho (sskr. sugandha); 7) dukkata*m* (sskr. dushk*r*ta), etc.

4. — Digu (sskr. Dvigu).

239. Le *digu* prend la désinence du neutre sing., et son premier membre est un nom de nombre, également au sing. neutre; ex. :

tiloka*m* (sskr. triloka)), les trois mondes,
tida*nd*a*m* (sskr. trida*nd*a), les trois bâtons du mendiant.

240. Quelquefois, pour entrer dans ce genre de composé, un mot change son suff. et prend le suff. a; ex. :

dviratta*m* (sskr. dvirâtra*m*), deux nuits,
dva*ñ*gula*m* (sskr. dvya*ñ*gula*m*), deux doigts,
tiva*ñ*gula*m* (sskr. trya*ñ*gula*m*), trois doigts,
pañcagava*m* (sskr. pañcagava*m*), cinq vaches.

241. Le *digu* peut ne pas exprimer un tout; dans ce cas, il n'est pas astreint au neutre sing.; ex. :

tibhavâ (sskr. tri + bhava), les trois existences,
catuddisâ (sskr. caturdiça*m*), les quatre contrées,
ekapuggalo (sskr. eka, pudgala), un seul moi.

5. — Bahubbîhi (sskr. Bahuvrîhi).

242. Il y a neuf sortes de *Bahubbîhi* : 1° *Bahubbîhi* composé de deux mots et communiquant au mot qu'il détermine le sens (a) de l'accusatif; ex. : âgatosama*n*o sa*ñ*ghârâmo (sskr. âgata, çrama*n*a), jardin du
P. 93. monastère dans lequel sont venus les Srama*n*as; (b) — de l'instrumental; ex. : vijitamâro bhagavâ (sskr. vijita, mâra), le Maître, vainqueur de Mâra; (c) — du datif; ex. : upanîtabhojano sama*n*o (sskr. upanîta, bhojana, çrama*n*a), Sramana auquel on a donné de la nourriture; (d) — de l'ablatif; ex. : niggatajano gâmo (sskr. nirgata, jana, grâma), village dont les habitants sont partis; (e) — du génitif; ex. : vîtarâgo (sskr. vigata, râga), homme sans passions. Le premier membre peut être un nom de nombre; ex. : pañcacakkhu (= bhagavâ), celui qui possède les cinq yeux (= le Maître); tidasâ (= devâ) (sskr. tridaçâ*h*), les trente (trois) (= les Dieux); — un pronom; ex. : idappaccayo (sskr. ida*m*, pratyaya), ayant ceci pour cause; kimpabhavo (sskr. ki*m*, prabhava), ayant quelle origine; — une particule; ex. : sugandha*m* candana*m* (sskr. sugandha, candana), bois de Sandal qui a une bonne odeur.

Remarque. Dans quelques *bahubbîhi*, le mot déterminant peut être indifféremment placé en tête ou à la fin; ex. : jâtachando (sskr. jâta chando) ou chandajâto, celui chez qui est né le désir; mâsajâto ou jâtamâso (sskr. mâsa, jâta), âgé d'un mois; chinnahattho ou hatthachinno (sskr. hastaḥ chinna), qui les mains coupées; (f) le mot déterminé par le *bahubbih* a le sens du locatif; ex. : sulabhapi*n*d*o* deso (sskr. sulabha, pi*n*d*a*, deça), pays dans lequel on reçoit facilement l'aumône.

2° *Bahubbihi* dont le mot déterminant est pris dans le sens de différents cas; ex. : ekarattivâso (sskr. ekarâtra, vâsa), celui qui a une habitation pendant une nuit (c'est-à-dire ekaratti*m* vâso assa); da*n*d*a*pâ*n*i, (sskr. da*n*d*a*pâ*n*i), qui a un bâton à la main.

3° *Bahubbihi* composé de trois mots; ex. : onîtapattapâ*n*i (sskr. avanîta patra, pâ*n*i), celui qui a retiré sa main du vase (c'est-à-dire onîto pattato Pâ*n*i yena), sîhapubbaddhakâyo (sskr. si*m*hapûrvârdhakâya*h*, Cf. Burnouf, *Lotus de la bonne loi*, p. 569), celui dont la partie postérieure du corps ressemble à celle d'un lion.

4° *Bahubbihi* dont le premier membre est une négation a, an; ex. : aputrako (sskr. aputraka), qui n'a pas de fils, anuttaro (sskr. anuttara), celui que personne ne surpasse.

5° *Bahubbihi* dont le premier membre est saha (sa); ex. : saparivâro ou sahaparivâro (sskr. parivâra, saha), qui est avec sa suite; sahetuko ou sahetu (sskr. hetu, saha), qui a une cause.

6° *Bahubbihi* dont le premier membre est le nom de la chose assimilée; ex. : nigrodhaparima*n*d*a*lo râjakumâro (sskr. nyagrodhaparima*n*d*a*la, *einen Faden im Umfange habend*. BR. comm. kâyavyâmâna*m* samappamânatâya nigrodho iva parima*n*d*a*lo yo râjakumâro), prince qui a la circonférence de l'arbre dit *Ficus indica*. P. 94.

7° *Bahubbihi* dont chaque membre contient un nom de nombre; ex. : dvihattha*m* (sskr. dvyaha, tryaha), qui a deux ou trois jours; dvattipattâ, qui a deux ou trois vases.

8° *Bahubbihi* dont chaque membre contient le nom d'un point cardinal, pour indiquer une direction intermédiaire; ex. : pubbadakkhi*n*â vidisâ, direction sud-est; pubbuttarâ (sskr. pûrvottarâ), direction nord-est.

9° *Bahubbihi* dont chaque membre renferme le nom d'un instrument ou d'un moyen de combat; ex. : kesâkesi (sskr. keçâkeçi), qui se bat en prenant son adversaire par les cheveux (kesesu kesesu gahetvâ ida*m* yuddha*m* pavattati, Cf. *Rûpasidhi*); da*n*d*â*da*n*d*i* (sskr. da*n*d*â*da*n*d*i*), qui se bat avec un bâton.

243. Dans les composés *bahubbihi*, le premier membre perd le suff. du féminin, si les deux membres sont virtuellement au même cas et si le premier mot est susceptible d'être mis au masculin; on a donc : dîghajañgho (sskr. dîrghajañgha*h*), aux longues jambes (c'est-à-dire dîghâ jañghâ yassa, celui dont les jambes sont longues); mais saddhâdhuro (sskr. çraddhâ, dhura), plein de foi, ou khamâdhano (sskr. kshamâ, dhana), riche en patience.

Remarque. On met en premier mahâ ; ex. : mahâpañño (sskr. mahâprâjña), très-sage.

244. On ajoute quelquefois le suff. â aux mots dhanu (sskr. dhanus), arc, dhamma (sskr. dharma), loi, et à d'autres encore, lorsqu'ils occupent la seconde place ; ex. : gâ*nd*ivadhanvâ (sskr. gâ*nd*ivadhanvan), nom d'Arjuna ; paccakkhadhammâ (sskr. pratyaksha, dharma), celui pour qui la loi est claire ; mais on dit aussi : sahassatthâmadhanu (sskr. sahasra, sthâman, dhanus) et paccakkhadhammo.

245. Les mots féminins en î, û, et les thèmes en tu (sskr. *tr*) prennent le suff. ka lorsqu'ils sont placés en dernier ; ex. : bahukumârika*m*
P. 95. kula*m* (sskr. bahukumârika), famille dans laquelle il y a beaucoup de filles ; bahukattuko deso (sskr. bahukart*r*ka), contrée dans laquelle il y a beaucoup de gens actifs.

6. — Avyayibhâva.

246. Ces composés ont pour premier membre l'une des particules *upasagga* et *nipâta*, et sont toujours du neutre. Si le thème du dernier membre est en a, le composé a pour désinence a*m* (acc. sing. neutre) ; ex. : upakumbha*m* (sskr. upakumbha*m*), près de la cruche ; si le thème du dernier membre a une voyelle longue, â est remplacé par a*m*, et les autres voyelles sont abrégées ; ex. : upaga*ñ*ga*m* (sskr. upaga*ñ*ga*m*), près du Gange ; adhikumâri, pour la jeune fille ; upavadhu, près de sa femme.

247. Ces composés peuvent prendre toutes les désinences casuelles ; ex. :

1° upanagarâ (ou °ramhâ, °rasmâ) ânaya, amène d'auprès de la ville, ou upanagarehi ;

2° upanagara*m* santaka*m*, qui est près de la ville, ou upanagarassa ;

3° upanagara*m* nidhehi, cache près de la ville, ou upanagare (°ramhi, °rasmi*m*, °resu).

248. Ces composés expriment, outre la proximité (Cf. § 246, ex. 2), 1° la négation ; 2° l'absence ; ex. : niddaratha*m* (sskr. daratha), darathâna*m* abhâvo, absence de trou ; nimmasaka*m* (sskr. maçaka), sans moucherons.

3° L'action de suivre ; ex. : anuratha*m* (sskr. anuratha*m*), à la suite d'un char ;

4° La conformité ; ex. : anurûpa*m* (sskr. anurûpa*m*), conformément à une figure ;

5° La répartition ; ex. : (attâna*m* attânam pati, pour chaque personne) paccatta*m* (sskr. pratyâtma*m*) ; anva*d*dhamâsam, à chaque demi-mois (sskr. anu, ardhamâsa) ;

6° La succession ; ex. : anuje*tt*ha*m* (sskr. anujyesh*t*ha*m*), par rang d'âge ;

P. 96. 7° L'opposition ; ex. : pa*t*isota*m* (sskr. pratisrotas), à contre-courant ;

8° La limite, le point de départ; ex. : âpânakoṭikam (sskr. pânagoshṭhikâ?), jusqu'à l'abreuvoir; âkumâram, (sskr. âkumâram), depuis la jeunesse;

9° L'état florissant; ex. : subhikkham (sskr. su, bhikshâ), abondance de nourriture;

10° La relation; ex. : ajjhattam (sskr. adhyâtmam), ayant rapport à l'âme, à la personne.

249. Les particules suivantes peuvent former le premier membre :

1° yathâ (sskr. yathâ), dans la mesure de, comme; ex. : yathâsatti (sskr. yathâçakti), dans la mesure de ses forces;

2° yâva (sskr. yâvat), autant que ; ex. : yâvadattham (sskr. yâvadartham), autant qu'il est nécessaire;

3° tiro (sskr. tiras), à travers; ex. : tiropâkâram (sskr. tirasprâkâra), au travers de la haie;

4° anto (sskr. antar), à l'intérieur; ex. : antonagaram (sskr. antar, nagaram), dans la ville;

5° bahi (sskr. vahis), en dehors; ex. : bahinagaram, en dehors de la ville;

6° upari (sskr. upari), sur; ex. : uparipâsâdam (sskr. prâsâda), sur le palais;

7° heṭṭhâ (sskr. adhas), en bas; ex. : heṭṭhâpâsâdam, en bas du palais;

8° pure (sskr. puras, purâ), avant, jusqu'à; ex, : purebhattam (sskr. bhakta), avant le repas, jusqu'au repas;

9° pacchâ (sskr. paçcât, paçcâ), après; ex. : pacchâbhatta, après le repas;

10° sa (sskr. sa), avec; ex. : samakkhikam (sskr. makshika) bhuñjati, il mange avec des mouches;

11° ora (sskr. avara), au bas de; ex. : oragaṅgam (gaṅgâya oram), aux embouchures du Gange.

FIN.

TABLE DES MATIÈRES

FIN DE LA TABLE.

Paris. — Typ. de Rouge, Dunon et Fresné, rue du Four-St-Germ., 43.

www.ingramcontent.com/pod-product-compliance
Ingram Content Group UK Ltd.
Pitfield, Milton Keynes, MK11 3LW, UK
UKHW031914260826
14628UKWH00003B/1193

9 782329 487649